ESF

기독대학인회(ESF: Evangelical Student Fellowship)는
사도행전 1장 8절에서 선포되고 있는 예수님의 지상명령에 근거하여
캠퍼스복음화를 통한 성서한국, 세계선교를 주요목표로 삼고 있는
초교파적 선교단체입니다.

ESP

ESP(Evangelical Student Fellowship Press)는
기독대학인회(ESF)의 출판부입니다.
ESP는 다음과 같은 마음을 품고 기도하면서 일하고 있습니다.
첫째, 하나님의 말씀인 성경을 사랑합니다.
둘째, 청년 대학생은 이 시대의 희망입니다.
셋째, 문서사역을 통하여 성경적 세계관을 정립해 나갑니다.
넷째, 문서선교를 통하여 총체적 선교에 도움을 주고자 합니다.

ESP 성경공부 시리즈
창세기 인도자용

2025년 2월 1일 초판 1쇄 발행

지은이 ESF 교재편찬위원회
만든이 정사철
내지 디자인 서다운 주혜성
표지 디자인 장윤주

(사)기독대학인회 출판부 (ESP)
서울특별시 도봉구 도봉로116길 41-4, 201호
T 02) 989-3477 | **F** 02) 989-3385 | **E** esfhq@hanmail.net
등록 제 12-316호

ISBN 979-11-92076-01-0

ESP 성경공부 시리즈

창세기 인도자용

목 차

목차

ESP 성경공부 문제집 활용법

급변하는 시대 속에서도 변하지 않는 진리가 있으니 그것은 성경입니다. "성경으로 돌아가자"는 구호는 옛 종교개혁 시대에만 외치는 소리가 아닙니다. 오늘날 최첨단 과학 문명 시대를 살아가는 사람들에게도 들려져야 할 외침입니다. 이 시대는 점점 보는 것에 만족하고, 생각하기를 싫어하는 양상을 보이고 있습니다. 특히, 성경을 읽는 것보다는 감성적인 것에 치우친 경향을 보이고 있습니다. 성경을 깊이 연구하지 못하고 얕은 수준에서만 멈춘다면 우리는 하나님의 깊이 있는 말씀의 뜻을 발견하지 못할 것이며, 하나님과 풍성한 교제를 나누는 삶을 살지 못할 것입니다.

이런 시대의 흐름 속에서도 ESF 성경 공부 시리즈는 성경 공부의 좋은 전통을 지키고자 노력하고 있습니다. 지난 40여 년 동안 수많은 청년 대학생, 지성인들이 성경 공부의 매력을 경험하였고, 예수 그리스도의 복음을 영접하며 구원을 얻었습니다. 교회에서, 동아리방에서, 대학 강의실에서, 좁은 자취방에서 성경 공부하는 모습은 민족의 미래를 밝혀주는 횃불이 되었습니다.

'ESP 성경공부 시리즈'는 다섯 가지 특징이 있습니다.
첫째, 즐거운 대화식 공부입니다. 아무리 초보자라도 참여하여 배울 수 있습니다.
둘째, 체계적인 공부입니다. 성경을 종합적이고 체계적으로 공부하는 것은 매우 중요합니다.
셋째, 믿음과 삶의 구체적인 적용을 돕는 공부입니다.
넷째, 성경을 배우면서 리더로 양성됩니다. 성경을 배운 뒤에는 리더가 되어 다른 사람을 가르치는 데 어려움이 없습니다.

본 문제집은 말씀의 자리, 삶의 자리, 삶의 자리+, 말씀의 자리+ 로 구성되어 있습니다.
말씀의 자리 는 본문 살피기와 생각하기 문제로 구성되어 있습니다. 성경 본문을 깊이 있게 관찰하며 해석하는 자리입니다.
삶의 자리 는 말씀의 자리를 토대로 우리의 삶에 구체적으로 적용하는 문제로 구성되어 있습니다. 본문에서 파악하고 느낀 말씀의 은혜와 원리들을 각자 삶의 자리에 적용하는 자리입니다.
삶의 자리+ 는 삶의 자리에서 느끼고 깨달은 바 중에서 구체적으로 실천할 수 있는 한 가지를 제시합니다.
말씀의 자리+ 는 본문 말씀의 중요한 핵심 내용이나 본문 배경 등을 요약하여 설명하는 자리입니다.

계속하여 한국교회와 청년 대학생들 가운데 성경 공부가 활발하게 일어나서 하나님 앞에서 바른 가치관을 세우고, 복된 인생 되기를 기도합니다.

기독대학인회(ESF) 문서출판위원회

성경해석 방법

1 성경 해석은 성경으로 해야 합니다.

성경의 가장 정확한 해석은 성경 자체입니다. 구약과 신약을 서로 연결해서 공부할 때 바르게 이해할 수 있습니다. 뜻이 희미한 말씀은 밝은 말씀에 비추어 해석해야 합니다. 상징, 비유, 애매한 부분은 병행 구절의 밝은 부분에서 그 뜻을 찾아서 합니다.

2 성경 전체를 바라보는 눈으로 종합적으로 해석해야 합니다.

전체를 바라보지 못하고 한 부분에만 집착할 때 오류를 범하게 됩니다. 그러므로 성경의 핵심을 파악하고 전체적으로 바라보며 해석해야 합니다. 성경 전체의 핵심은 하나님의 아들 예수 그리스도를 통한 인류 구속입니다. 그러므로 성경에 나오는 사건들이 그리스도와 인류 구원에 어떻게 연결되는지 살펴보면서 해석해야 합니다.

3 그 당시 시대 배경을 이해해야 합니다.

성경은 그 당시 사람들에 의해 기록되었으므로 당대의 지리, 역사, 풍습, 생활 습관, 주변 상황 등을 파악하고 해석해야 합니다.

4 언어의 법칙과 문맥의 흐름을 중요시해야 합니다.

성경은 사람의 언어로 기록되었으므로 어휘와 문법의 이해가 중요하고 반드시 문맥의 흐름 속에서 해석해야 합니다. 따라서 일차적으로는 문자적인 해석을 한 다음 영적인 뜻을 찾아야 합니다.

5 성경은 저자의 의도를 파악할 것

하나님께서 성경 저자의 성격, 교육받은 정도, 개성 등을 유기적으로 쓰셔서 성경을 기록하도록 하였으므로 저자가 어떤 의도로 무슨 주제를 전개하는지 살펴보고, 특별한 관점과 강조점이 무엇인지 알아야 합니다.

6 오늘날 나에게 어떻게 적용되는지 살피며 해석해야 합니다.

성경은 비록 과거에 쓰였지만, 하나님은 그 기록된 말씀을 통해 각 시대 모든 사람에게 말씀하고 계시므로 성경에 기록된 메시지가 당대 독자들에게 어떻게 들려졌는지를 살피면서 지금 나에게 어떻게 적용되는지를 살펴야 합니다. 지금 나에게 하시는 말씀을 성령의 도우심으로 듣게 될 때 말할 수 없는 큰 은혜를 체험하게 됩니다.

Orientation
창세기 여행 준비하기

시작하는 이야기

여행은 항상 설렘과 두려움을 동반합니다. 특히 미지의 세계에 대한 여행은 두려움으로 인해 시작을 미루거나 포기하는 경우가 많습니다. 하지만 우리 속담처럼 시작만 잘하면 이미 절반은 성취된 것과 같습니다. 여행을 시작하기 전에 준비가 필요하듯이 창세기 본문을 공부하기에 앞서 전체적인 틀을 짚어보고자 합니다. 훌륭한 안내자와 함께 지도를 살피며 일정을 잡는 것이 즐거운 일인 것처럼, 말씀 인도자(목자)와 함께 창세기를 잘 살펴보며 말씀 공부를 시작하시기 바랍니다. 자, 이제 창세기 여행을 시작해 볼까요?

말씀의 자리

1 창세기 공부를 시작하기 전에, 먼저 '창세기'하면 어떤 이미지가 떠오르나요?

2 왜 '창세기(創世記)'라는 이름이 붙여졌을까요?

성경은 66권의 책(구약 39권, 신약 27권)으로 이루어져 있으며, 창세기는 그 중 첫 번째 책입니다. '창세기'라는 우리말 성경의 제목은 헬라어 '게네시스'라는 말에서 파생한 '제네시스(Genesis)'를 번역한 것입니다. 이 헬라어에는 '기원, 근원, 원천, 생성' 등의 의미가 있습니다. 창세기의 히브리 성경 제목은 '베레쉬트('처음에'라는 뜻)'인데 이것은 창세기의 맨 처음에 나오는 단어입니다.

3 창세기의 저자는 누구일까요?

창세기는 모세에 의하여 기록되었음을 성경은 밝히고 있습니다(눅 24:27). 또한 예수님께서도 모세의 저작 사실을 인정하셨습니다(눅 24:44). 모든 성경이 하나님의 영의 인도하심에 따라 기록된 것처럼, 창세기도 하나님의 감동하심을 따라(딤후 3:16) 모세가 기록한 것입니다.

모세는 오경(창세기, 출애굽기, 레위기, 민수기, 신명기)의 저자이며, B.C. 15세기 사람으로, 이집트에서 식민지 생활을 하던 이스라엘을 하나님이 약속하신 땅 가나안으로 인도한 하나님의 사람입니다.

모세오경은 인류 역사의 시작과 함께 하나님의 택한 백성 이스라엘을 이집트에서 이끌어내어 가나안까지 인도하는 모든 과정과 이스라엘에게 주신 율법과 언약, 그리고 예배를 통해 구원의 메시아를 계시하신 하나님의 구속 사역에 대한 기록입니다.

4 창세기는 크게 두 부분으로 나눌 수 있습니다. 제목을 붙여보면 다음과 같습니다.

1-11장 창조와 인류 타락에 관한 역사
12-50장 이스라엘 민족의 족장에 관한 역사

5 두 부분에 대한 내용구분은 다음과 같습니다.

I. 창조와 인류 타락에 관한 역사 (1-11장)
1. 천지창조 (1:1-2:25)
2. 타락 (3:1-5:32)
3. 노아의 방주와 홍수 심판 (6:1-10:32)
4. 바벨탑 (11:1-32)

II. 이스라엘 민족의 족장에 관한 역사 (12-50장)
1. 아브라함의 하나님 (12:1-25:18)
2. 이삭의 하나님 (25:19-28:5)
3. 야곱의 하나님 (28:6-37:1)
4. 요셉의 하나님 (37:2-50:26)

6 창세기를 공부하는 목적은 무엇입니까?

1) 하나님이 누구신지 알 수 있습니다.

기독교에 대해 알고자 한다면 제일 먼저 하나님이 누구신가를 알아야 합니다. 하나님은 천지를 창조하신 전능한 하나님입니다. 또한 인간을 창조하신 인격적인 하나님입니다. 이 하나님은 살아계시며 영원토록 동일하신 하나님입니다. 창세기 공부를 통해 하나님에 대한 궁금증을 해결할 수 있습니다.

2) 나의 존재 의미와 목적을 알 수 있습니다.

창세기를 공부할 때 실존적인 입장에서 공부해야 합니다. '나는 어떤 존재인가? 왜 사는가? 어떻게 사는 것이 잘 사는 것인가?'라는 문제가 해결되지 않으면 의미 있는 인생을 살 수 없습니다. 창세기 공부를 통해 인생의 의미와 목적을 알 수 있습니다.

3) 하나님의 구속 역사에 쓰임 받을 수 있습니다.

창세기를 통해서 나를 개인적으로 만나주시는 인격적인 하나님을 만날 수 있습니다. 또한 역사의 흐름을 주관하시고 개입하시는 하나님을 만날 수 있습니다. 개인적으로 만나주시는 하나님은 역사의 흐름에 우리를 쓰시고자 하는 계획을 갖고 계십니다. 창세기 공부를 통해 개인이 역사의 주역으로 쓰임 받는 것을 보게 되는 놀라운 경험을 하게 될 것입니다.

삶의 자리

1 창세기 여행을 시작하려 하니 어떤 기대감이 생깁니까?

2 창세기 공부가 당신의 삶에 어떤 의미가 있을까요?

삶의 자리 +

다음 시간에 공부할 과에 창세기 본문 읽고 답을 달아 오기
(참조 말씀을 요약하면 됩니다.)

말씀의 자리 +

행복한 창세기

창세기는 이스라엘 백성들이 출애굽 할 때 하나님께서 주신 말씀입니다. 당시 이스라엘 백성들은 430여 년 동안 바로의 노예로 살고 있었습니다. 그들은 바로에 의해서 만들어진 신을 섬기며, 바로를 위한 인생을 전부로 알고 있었습니다. 그렇기에 하나님께서는 이러한 백성들에게 하나님은 어떤 분이시며, 어떤 계획과 뜻을 두고 계시고, 어떤 백성을 원하시는지 창세기를 통해 자세히 가르쳐 주셨습니다. 이는 이스라엘 백성들에게는 잃어버렸던 모든 것을 회복할 수 있는 길을 얻게 된 것이며, 영적 노예 상태로부터 자유함을 얻게 되는 큰 은혜를 입게 된 것이었습니다. 현대인을 우주의 미아라고 표현하기도 합니다. 이는 현대인이 방향이 없이 방황한다는 의미일 것입니다. 시작과 기원에 관한 무지는 결국 존재 의미를 상실케 하고 상대적 우연주의에 빠지게 합니다. 근원은 없고 과정만 있는 인생은 절망과 허무로 지치게 되고, 결국 깊은 영적 갈증에 시달릴 수밖에 없습니다.

바로 여기에 창세기 공부의 중요성이 있습니다. 창세기 공부는 기원의 문제를 밝혀주고 방향을 보여줍니다. 어두움에서 빛으로 우리의 인생길을 안내할 뿐만 아니라 우리에게 진정한 자유와 해방의 길을 제시해 줍니다. 그렇기에 창세기를 행복론이라고 말합니다.

1
이 세상을 만드신 하나님

창세기 1:1-2:3(1:1)

"태초에 하나님이 천지를 창조하시니라"

시작하는 이야기

창세기 1장은 성경을 여는 문으로써 중요합니다. 특히 성경의 가장 첫 구절인 창세기 1장 1절 말씀은 하나님이 천지를 창조하셨다는 선언입니다. 이것을 받아들이느냐 그렇지 않으냐에 따라서 우리의 삶은 크게 달라집니다. 존재는 있으나, 존재의 기원에 대해서는 많은 사람들이 정확한 답을 얻지 못하고 있습니다. 창세기 1장은 천지창조에 대한 내용이 담겨 있습니다. 이 광대한 우주가 어떻게 만들어졌는지 그 비밀이 자세하게 기술됩니다. 이 공부를 통해 이 땅의 기원과 창조주 하나님에 대해 깊이 생각해 볼 수 있기를 바랍니다.

말씀의 자리

1 창세기 1장 1절은 하나님이 천지를 창조하셨다는 선언이자 창조의 시작을 알리는 중요한 말씀입니다. 여기에 등장하는 네 단어(명사)의 뜻을 설명해보세요.

1) 태초에: 'in the beginning' (히브리어)베레쉬트/ 우주의 맨 처음. 시간·공간·물질이 시작 되던 때.
2) 하나님: '엘로힘' 위대하시고 존귀하신 전지전능자.
3) 천지: "우주를 포함한 만물"(현대인의 성경). 세상의 모든 만물.
4) (히)바라 – '무에서 유'를 만드는 의미로 오직 하나님에게만 사용.

*1절은 독립문장으로서 창세기의 전제이며 선언적 구절이다. 1:2-3:3은 1:1의 설명 구절이라는 전통적 견해가 있다.

2 2절을 볼 때 땅의 상태는 어떠하며, 하나님의 영은 무엇을 하고 계셨습니까? 이것은 어떤 의미일까요?

* 혼돈(formless): 아직은 형상화 된 것이 없는 상태.
* 공허(empty): 움직이는 것이 없는 텅 빈 상태. 땅 위에 아무런 사물도 존재하지 않은 상태.
* 수면에 운행하시니라: 창조사역에 대한 준비의 모습이라고 볼 수 있음(마치 닭이 알을 품고 있는 모습과 같음).

3 하나님께서 지으신 것들을 날짜에 따라 말해보고, 거기에는 어떤 조직과 질서가 있는지 살펴보세요.

*빛: 태양은 4일째 창조되므로 여기서 빛은 우주의 에너지 근원으로 봄.
*궁창: 대기권의 허공

영역	1일 (1:1-5) 빛, 우주	2일 (6-8) 물과 물을 구분, 궁창(하늘)	3일 (9-13) 바다, 땅, 식물
주관자	4일 (14-19) 해, 달, 별	5일 (20-23) 새, 물고기	6일 (24-31) 육축, 기는 것, 짐승, 인간

* 조직과 질서: 환경을 먼저 만드시고 사람을 맨 끝에 창조하심.
*'상호의존적 공존관계'로 만드심.
*하나님 - 인간 - 만물의 의존적 공존의 질서와 역할(노릇)
6일 동안 우주 창조하심. 우주 = 코스모스(cosmos)로서 원래 '질서'라는 뜻 가짐. 혼돈에서 질서의 창조. 카오스에서 코스모스 창조.

4 하나님의 천지창조 과정에서 반복적으로 강조하고 있는 사실은 무엇입니까(3-5, 11, 14, 24)? 이를 통해 우리가 발견할 수 있는 하나님의 두 가지 성품은 무엇입니까?

* 말씀으로 창조하셨다는 사실(사 55:9-11; 시 33:6, 9).
* ①하나님의 전능성 - 말씀 자체의 능력으로 온 세상을 창조하신 권능자 (히 4:12-13 / 딤후 3:16-17)
②하나님의 인격성 - 말씀하시는 인격적인 하나님.
- 하나님은 비인격적인 힘이나 에너지, 원리가 아님. 말씀하시는 분이므로 대화가 가능하고 교제하며 사랑을 나눌 수 있는 인격적인 존재임.
- 이 인격은 사회적이고 공동체적 성격을 가짐.

5 천지 만물을 창조하신 후, 하나님의 소감은 어떠합니까(4, 10, 12, 18, 21, 25, 31)? "하나님이 보시기에 좋았더라"는 표현에서 하나님이 이 세상을 창조하신 목적을 발견할 수 있습니다(사 43:7).

* "보시기에 좋았더라": 천지만물이 완전하신 하나님의 뜻대로 완벽하게 지어짐, 천지만물이 모두 거룩하고 선한 것임을 나타냄.

* 창조의 목적(피조물의 역할)을 알 수 있음.
  하나님께서 영광을 받으시기 위함.
  하나님의 영광을 나타내기 위함(시 19:1).

6 하나님께서는 창조를 다 마치시고 일곱째 날에 무엇을 하셨습니까(2:1-2)? 안식일이란 어떤 날입니까(3)?

* 안식하심 : 평화로운 중에 성취의 기쁨을 누리며 만족해하심.
* 하나님의 안식의 뜻은 ① 창조 역사의 완성 ② 창조된 모든 것의 존재와 역할을 유지하기를 기뻐하심을 의미
* 안식일은 하나님이 복주시고 거룩하게 하신 날.

거룩 : 칼로 베어내다. 구별됨의 뜻 - 선악의 문제가 아님.
하나님과 인간의 교제를 위해 안식일을 지키라 명하심(출 31:13-17).

7 이상을 종합해 볼 때, 하나님은 어떤 분이십니까?

* 온 우주 만물을 말씀으로 창조하신 창조주 하나님.
* 말씀하시는 분으로 인격적인 존재이시며, 인격적인 존재로 지음 받은 인간과 교제하며 만물을 유지하시길 기뻐하시는 하나님.

삶의 자리

1 우주의 기원을 하나님에게서 찾는 것과 진화의 관점에서 찾는 것은 우리의 삶에 어떤 차이를 가져올까요?

* 처음(기원)의 문제를 알지 않고는 방향과 목표를 알 수 없음.
* 진화의 관점에서 우주의 기원을 찾거나 오랜 시간과 우연의 산물로 여긴다면 인생과 우주의 목적과 의미를 알 수 없다.
  우주의 기원이 하나님으로부터 시작되었음을 깨달을 때 인생과 만물의 의미와 방향을 찾을 수 있다.

2 성경 말씀은 이 땅을 만드신 하나님의 매뉴얼입니다. 이 매뉴얼(말씀)을 공부하면서 당신이 깨달은 바는 무엇이며, 앞으로 기대하는 바는 무엇입니까?

삶의 자리 +

밖으로 나가서 하늘과 나무와 돌을 보면서 창조주의 숨결을 느껴보기

말씀의 자리 +

하나님의 말씀의 권능을 아십니까?

온 우주 만물이 하나님의 말씀으로 창조되었습니다. 하나님이 명하시매 그대로 순종했습니다. "있으라" 하면 있게 되고 또 "내라" 하면 그대로 내었습니다. 이는 하나님이 어떤 분이신지를 아는데 대단히 중요한 열쇠가 됩니다. 하나님은 말씀하시면 그대로 이루시는 분이십니다. 하나님은 한 번 말씀하시는 것으로 충분합니다. 그러면 말씀하신 대로 이루어집니다. 이를 믿는 것이 믿음입니다. 이 하나님은 영원하시며 진실하십니다. 거짓이 없으십니다. 그래서 "천지는 없어지겠으나 내 말은 없어지지 아니하리라"(마 24:35)고 말씀하십니다. 이러한 점에서 하나님의 말씀인 성경을 배우고 아는 것은 중요합니다. 말씀을 알고 믿는 만큼 우리의 삶에서 하나님의 역사가 일어나기 때문입니다. 불신의 시대! 주변 사람들을 믿지 못하는 것도 문제지만, 진짜 비극은 사람들이 하나님을 믿지 못하는 것입니다.

하나님이 보시기에 좋았던 세상은 어떤 세상이었을까요?

인간을 포함하여 만물을 지으신 후 하나님의 소감은 "보시기에 좋았더라"였습니다. 이 말씀은 1장에서만 일곱 번이나 반복되고 있습니다. 이것은 무엇을 의미하는 것일까요? 이는 창조 자체가 하나님의 구상과 계획에 딱 맞았다는 것을 의미합니다. 하나님께서 만드신 모든 것에 만족하셨다는 것입니다. 이렇게 온 우주 만물은 시작되었습니다. 우주는 흠이 없고 온전한 모습이었고, 조화와 질서 그 자체였습니다. 이를 시편 기자는 "여호와 우리 주여 주의 이름이 온 땅에 어찌 그리 아름다운지요 주의 영광이 하늘을 덮었나이다"(시 8:1)라고 노래하고 있습니다. 하나님께서는 온 우주 만물을 가장 바른 상태로 만드셨고, 있어야 할 제 자리를 바로 찾아 주셨습니다. 온 우주의 행복의 길이 바로 여기에 있습니다. 인간의 불행은 팔자나 운명 또는 주변 환경이나 조건 때문이 아니라, 하나님이 창세 때 주셨던 제 자리를 잃어버렸기 때문입니다. 하나님의 말씀은 사람과 만물을 원래의 모습으로 회복시킵니다.

2
사람을 만드신 하나님

창세기 1:26-2:25(2:7)

"여호와 하나님이 땅의 흙으로 사람을 지으시고
생기를 그 코에 불어넣으시니 사람이 생령이 되니라"

시작하는 이야기

지금 우리는 사람의 가치가 동물이나 물질 수준으로 전락해버린 험한 시대를 살아가고 있습니다. 자기 이익을 위해서라면 사람의 생명도 쉽게 빼앗아버립니다. 그러나 사람은 원래 사랑받아야 할 존귀한 존재입니다. 어떤 물질적 가치로도 측정할 수 없는 가치를 가지고 있습니다. 오늘 말씀은 사람이 원래 어떻게 창조되었는지를 보여주고 있습니다. 오늘 공부를 통해, 점점 사람의 가치가 평가절하 되어가는 이 시대에 하나님 앞에서 자신의 원래 가치와 행복에 대해서 깊이 생각해 볼 수 있기를 바랍니다.

말씀의 자리

1 하나님은 만물을 창조하신 후, 사람을 창조하시기 전에 무슨 계획을 가지고 계셨습니까(1:26-27)? 이를 통해 볼 때 사람이 어떤 존재임을 알 수 있습니까?

* 하나님의 형상과 모양을 따라 존재하도록 만드시려는 계획(1:26).
* 하나님의 형상을 가지고 있기에 하나님과 교제할 수 있는 거룩하고 존귀한 존재.

2 사람은 구체적으로 어떻게 창조되었습니까(2:7)? 사람은 어떻게 구성된 존재입니까? 온전한 인간이 되기 위해 필요한 것은 무엇입니까(신 8:3, 딤후 3:16-17)?

*생령이 되니라(7): 생명의 호흡을 받아 살아있는(사는) 존재가 되었다는 말

* 흙과 하나님이 주시는 생명의 호흡으로 구성된 존재.
* 하나님의 말씀을 먹는 것.

(신 8:3) "너를 낮추시며 너를 주리게 하시며 또 너도 알지 못하며 네 조상들도 알지 못하던 만나를 네게 먹이신 것은 사람이 떡으로만 사는 것이 아니요 여호와의 입에서 나오는 모든 말씀으로 사는 줄을 네가 알게 하려 하심이니라"

(딤후 3:16-17) "모든 성경은 하나님의 감동으로 된 것으로 교훈과 책망과 바르게 함과 의로 교육하기에 유익하니 이는 하나님의 사람으로 온전하게 하며 모든 선한 일을 행할 능력을 갖추게 하려 함이라

3 하나님께서 사람을 창조하신 후에 주신 사명은 무엇입니까(1:28)? 사람 창조의 과정을 살펴볼 때, 사람과 동물은 어떤 차이가 있습니까?

* 하나님을 대리하여 만물을 관리하고 보존케 하는 청지기/관리자의 사명 (시 8:6)

- 문화명령(Cultural Mandate) : 문화를 창조하는 사명을 받음.
- 인간에게 '노동'은 창조의 명령으로서 축복.

* 사람은 하나님의 형상을 가진 존재로서 하나님 그리고 만물과 특별한 관계를 가진 존재.

- 하나님과 교통하며 하나님의 대리해서 만물을 다스리는 대리 통치자이다.
- 피조물은 인간의 관리를 받으면서 인간의 생존을 위해 하나님이 주신 기반이 된다.

4 하나님께서 세상 만물을 지으셨을 때는 "보시기에 좋았더라"라고 말씀하셨고, 여섯째 날에는 사람을 지으시고 최종 소감으로 "보시기에 심히 좋았더라"라고 말씀하셨습니다. 이를 통해 볼 때 세상 만물은, 특히 인간은 하나님 앞에서 어떤 존재인 것 같습니까?

* 만물은 하나님께 기쁨이 된다(피조물 전체는 하나님의 영광을 보여준다).

* 인간은 하나님께 심히 기쁨이 되는 존재.

- 하나님의 형상과 모양으로서 하나님의 영광을 집중적으로 드러내고, 하나님과 교제하며, 하나님 대신 만물을 다스리는 영광스런 존재이다.
- 다른 피조물과는 달리 사람 창조의 날에는 히브리어 정관사 '하'가 붙어 있음. 특별한 날을 의미한다.

5 하나님께서 사람을 위해 지으신 동산은 어떤 곳입니까(2:8-14)? 하나님께서 사람을 에덴동산에 두시고 맡기신 사명은 무엇이며(15), 아담은 그것을 어떻게 구체적으로 감당합니까(19-20)?

* 에덴(15): 기쁨, 즐거움, 희락

* 풍요와 생명의 근원: 나무와 강(에덴에서 발원한 4개의 강)이 있음.
  - 생명나무는 생명을 주는 나무이며 그것을 따 먹은 자에게 영생을 누릴 수 있게 함(3:22). 다른 실과와 더불어 자유로이 따 먹게 하심.

*사명 : 하나님을 대신하여 다스리며 지키게 하심: 만물의 상호 의존적 공존의 질서와 역할을 유지 관리.
*감당 : 이름을 지어주는 행위는 소유권(사실상 사용권)의 선언과 같은 행위로 하나님이 주신 권한과 책임을 구체적으로 실현하고 있다.
(but, 소유자는 아니고 관리자)

6 하나님께서 사람을 에덴동산에 두시고 절대적으로 주신 말씀이 무엇입니까(16-17)? 이 말씀 가운데 허락하신 것과 금하신 것과 경고하신 것이 각각 무엇입니까? 하나님께서 보실 때 사람에게 왜 이러한 명령이 필요했을까요?

* 허락하신 것(16): 동산 각종 나무의 열매는 네가 (정말)임의로 먹되.
* 금하신 것(17): 선악을 알게 하는 나무의 열매는 먹지 말라.
* 경고하신 것(17): 네가 먹는 날에는 반드시 죽으리라.
→ 창조주 하나님(주인, 보호자)에 대한 순전한 믿음 필요.

* '선악을 알게 하는 나무'는 피조물로서 자신의 위치를 알도록 하기 위함임.
  - 창조주로서 권위와 위엄을 선포하심.
  - 결코 하나님과 동등 될 수 없음. 사람은 인격적인 존재이며 자유 의지가 있음. (순종 or 불순종): 말씀의자리plus 참조
  - 사람이 창조주 하나님의 말씀을 믿고 순종할 때 하나님께서 사람에게 확실한 영생을 보장하신다는 사랑의 선언.

7 하나님께서 여자를 '왜', '어떻게' 창조하셨습니까(2:18, 21-22)? 여자의 사명은 무엇이며(20), 동역자를 맞이하는 아담의 소감은 무엇입니까(23)?

* 왜) 하나님 보시기에 사람의 독처하는 것이 좋지 못하여
  - 결혼의 필요성을 하나님이 아시고, 결혼제도를 창설하심, 결혼은 거룩한 것
  - 돕는: 보완해 줄 능력을 가지고 동역하는
  - 독처가 좋지 못한 이유: 온전하게 하나님의 형상과 모양 구현하려면 홀로는 부족하다. (하나님의 공동체적 인격성과 통치 대행 역할)
* 어떻게) 아담의 갈빗대로 여자를 만드심: 남편과 아내는 본질적으로 하나의 육체라는 신비로운 친밀성을 의미 - 인격적 생명공동체

* 남편을 도와 함께 하나님을 잘 섬기고 사명을 잘 감당하도록.
  - 인간 창조 목적인 하나님의 형상과 모양을 잘 유지 발전시키며, 생육 번성하여, 만물을 다스리는 역할을 원활히 수행해야 함(예배공동체 함께 만들기)

* "이는 내 뼈 중의 뼈요 살 중의 살이라": 나의 전부이며 나눌 수 없는 하나의 존재라는 사랑의 고백.

8 하나님께서 첫 가정을 세우시면서 선포하신 말씀이 무엇입니까(24)? 에덴동산에서 사는 첫 가정의 모습은 어떠했습니까(25)?

* "남자가 부모를 떠나, 그 아내와 합하여, 둘이 한 몸을 이룰지로다."

① 독립: 부모로부터 전인적으로 독립된 가정을 이룸.

- 부모의 도움에 일방적으로 의존하지 않고도 영육 통일체로서 하나님과 이웃과 만물과 바른 관계를 이루는 것.

② 연합: 유기적 연합. '아교로 붙이다' 이물질이 사이에 들어가면 안 됨(최우선). 나누면 찢어짐(상처 발생). 상호존중하며 하나 되고자 힘써야 한다.

③ 한 몸: 육체적으로 뿐 아니라 인격적으로도 연합.

- 가정은 자연발생적인 것이 아니라 하나님께서 주신 것.
- 하나님이 주신 원리에 따라야 건강하고 행복한 가정을 이룰 수 있음.
- 가정은 하나님의 형상을 구현해 가는 생명 공동체.

* 벌거벗었으나 부끄러워(실망하지) 아니함.

- 죄가 없고 서로에게 진실함(도덕적으로 실망하지 않음).
- 서로를 있는 모습 그대로 인정하고 용납함: 서로의 벌거벗은 인간적 한계에도 불구하고 우월감, 열등감으로 인한 부끄러움을 느끼지 않음. - 서로가 하나님 앞에서 낮아지고 하나님으로부터 부족한 부분을 공급받기 때문(능력적으로 실망하지 않음).

삶의 자리

1 하나님이 주신 당신의 존재 의미와 인생의 목적은 무엇입니까?

2 오늘 공부를 생각해 볼 때, 인간이 행복할 수 있는 길은 무엇입니까?

삶의 자리 +

하나님 앞에서 내가 어떤 존재인지 말해보기

바른 결혼관 갖기

말씀의 자리 +

하나님의 형상(image), 모양(likeness)이란?

'형상을 따라', '모양대로'라는 말은 엄밀히 따지면 비슷한 말이라고 할 수 있습니다. 더 쉬운 우리말로 한다면 '닮도록'이라는 말이 맞을 것입니다. 그래서 '하나님의 형상을 따라 하나님의 모양대로'라는 말은 하나님께서 사람의 육신을 하나님과 같이 지으셨다는 뜻이 아니라, 그 내면을 하나님과 교통할 수 있도록 지으셨다는 말입니다. 예를 들어 하나님이 기뻐하시는 것, 슬퍼하시는 것을 알도록 사람에게 그 속성을 주셨다는 것입니다. 여기에는 '의와 진리의 거룩함'(엡 4:24), '지식'(골 3:10)과 같은 속성이 포함됩니다. 뿐만 아니라 고대에는 '신의 형상'은 곧 왕을 의미했습니다. 이러한 면에서 '하나님의 형상'을 따라 지으셨다는 말씀에는 곧 하나님의 뜻대로 세상을 다스리는 왕으로 인간을 세우셨다는 의미가 내포되어 있습니다. 하나님은 인간을 세상에 끌려다니는 존재가 아니라 하나님의 말씀대로 세상을 통치하는 존재로 세우셨으며, 이 사명을 감당하도록 신적인 능력을 주셨습니다. 이러한 점에서 하나님은 인간을 세상에서 가장 영광스러운 존재로 창조하셨음을 알 수 있습니다.

하나님은 왜 선악과를 만드셨을까요(창 2:16-17)?

죄 문제를 이야기하게 되면 꼭 묻게 되는 질문이 있습니다. '하나님께서는 왜 선악과는 만들어서 사람으로 하여금 죄짓도록 했을까?', '만약 선악과가 없었다면 죄짓는 일도 없었을 것이고 그렇게 되면 굳이 예수님이 십자가를 지시지 않아도 되었을 텐데'라고 말합니다. 정말 선악과는 사람에게 무익한 것이었을까요? 아닙니다. 선악과를 볼 때는 그것이 하나님의 창조 사역의 한 부분이었다는 것을 알아야 합니다. 하나님의 형상대로 지음 받은 사람은 마치 아무런 자율성이 없는 기계적인 존재로 만들어진 것이 아니라, 스스로 결정할 수 있는 자유의지를 가진 존재로 지음을 받았습니다. 그래서 하나님이 보시기에 사람이 자유의지를 가진 인격체로 자신의 위치와 행복을 유지하기 위해서는 하나님과의 사이에 일정한 질서의 선이 필요했던 것입니다. 다시 말하면 넘지 말아야 할 선과 같은 것입니다. 이는 마치 자녀가 부모와의 사이에서 넘지 말고 지켜야 할 선을 잘 지킬 때, 부모와 자녀 간에 행복이 잘 유지되는 것과 같습니다. 부부간에도 마찬가지며 사제 간에도 마찬가지입니다. 그래서 알고 보면 선악과는 사람의 행복을 지키기 위한 하나님의 각별한 배려이자 선물이었습니다. 행복한 인생을 위해 절대적으로 필요한 열쇠와도 같은 것입니다.

3

가죽옷을 지어 입히신 하나님

창세기 3:1-24(3:15)

"내가 너로 여자와 원수가 되게 하고 네 후손도 여자의 후손과
원수가 되게 하리니 여자의 후손은 네 머리를 상하게 할 것이요
너는 그의 발꿈치를 상하게 할 것이니라 하시고"

시작하는 이야기

행복하게 살아야 할 인간이 왜 고통과 슬픔 속에 빠지게 되었을까요? 열차가 레일 위에 있을 때 가장 자유롭듯이, 사람은 창조주 하나님 안에 있을 때 가장 자유롭고 행복한 삶을 살 수 있게 창조되었습니다. 그런데 하나님께 불순종하여 하나님을 떠나면서 사람의 불행이 시작되었습니다. 오늘 말씀은 인간의 타락에 대한 내용입니다. 오늘 공부를 통해 죄의 본질과 인간의 타락, 그리고 그 속에서도 변함없는 하나님의 사랑에 대해서 알아갈 수 있기를 바랍니다.

말씀의 자리

1 뱀은 어떤 존재입니까(1)? 뱀은 여자에게 어떤 유혹적인 질문을 합니까(1)? 2장 16-17절과 비교해 보세요.

*간교(1): 원래 '간교'(1)는 "멋있는, 영리한(crafty)"의 뜻

* 들짐승 중에 가장 간교함 - 가장 영리했던 뱀이 일시적으로 사탄의 도구가 됨.
* "하나님이 참으로 너희에게(여자와 아담 - 생명보장체결 당사자 - 을 묶어서 유혹, 생명공동체) 동산 모든 나무의 열매를 먹지 말라 하시더냐?"
  - 창조주 하나님의 사랑의 규례를 의심스럽고 혼동하게 하여 하나님의 이미지를 부정적으로(인색한 분) 왜곡시키고, 에덴동산에서 하나님과 교제하는 행복한 삶에 대해 의심과 부정적인 생각을 불러일으킴.

2 여자는 뱀에게 어떤 호의적인 대답을 합니까(2-3)? 여자는 절대적인 하나님의 명령을 어떻게 상대적으로 받아들입니까?

*동산 나무의 열매를 우리가 먹을 수 있으나 동산 중앙에 있는 나무의 열매는 하나님의 말씀에(결국, 여자의 말) 너희는 먹지도 말고 만지지도 말라(첨가) 너희가 죽을까 하노라(약화시킴)

*절대적인 하나님의 말씀에 자기 생각을 더하거나 뺌 - 흔들림의 증거.
- 말씀에 대해 정확히 알고 확신이 있어야 함.
- 가감하면 결국 자기 말이 됨. 자기 말은 하나님의 권능이 없다.

3 뱀이 여자에게 어떤 결정적인 거짓말을 합니까(4-5)? 이 질문이 여자에게 어떻게 교만과 호기심을 부추깁니까?

*"너희가 결코 죽지 아니하리라" 여자에게 확신이 없음을 알고 도리어 확신 있게 거짓을 선언함.

"교만 - "하나님과 같이 되어": 하나님으로부터의 독립, 피조물로서 창조주인 하나님과 같이 되려고 하는 교만. 본연의 자리에서 이탈.

*호기심 - "먹는 날에는" (날: ~하는 순간, ~하자마자): 금기를 어겼을 때 어떻게 될지 궁금증과 호기심을 자극하며 하와의 욕망을 충동질하는 말.

4 여자가 저지른 죄가 무엇입니까(6)? 이것이 인류 역사상 왜 그렇게 중요한 사건이 됩니까(롬 5:12)?

* 불신의 죄/ 불순종의 죄(롬 14:23): 선악과를 먹으면 반드시 죽는다고 말씀하시는 창조주 하나님을 의심.

- 반대로 먹어도 결코 죽지 않는다고 거짓말하는 사탄을 믿음: 창조주 하나님을 의심하는(하나님이 거짓말을 한다) 마음은 하나님의 피조세계 통치(하나님의 나라 : 조직, 질서, 역할)를 불신하고 부인하게 만들고 하나님께 반역한 거짓의 아비 사탄의 편이 되어 하나님 나라를 파괴하는 적이 되게 한다.
- 불신은 의로우시며 신실하시고 흠이 없으신 하나님을 모욕함(깔봄)이다.

* 불순종의 죄. 동역을 깨뜨린 죄: 열매를 따먹고 남편에게도 주어서 먹게 함 - 아담에게 불신을 심고 불순종을 유발시킴.

* (롬 5:12) "한 사람으로 말미암아 죄가 세상에 들어오고 죄로 말미암아 사망이 들어왔나니 이와 같이 모든 사람이 죄를 지었으므로 사망이 모든 사람에게 이르렀느니라"

5 선악과를 따먹은 후 인간은 어떻게 달라졌으며(7), 특히 '눈이 밝아졌다', '하나님의 낯을 피했다'는 말씀의 뜻이 무엇입니까?

* 자기들이 벗은 줄을 알고 무화과나무 잎을 엮어 치마로 삼음.

– 하나님 없는 인간의 한계를 깨닫게 되었고 부족한 자기 능력으로 자기 약점을 어설프게 가리는 조치를 함.

* 눈이 밝아졌다 – 인식 능력이 향상되었다. 절대적 선과 악을 분별할 수 있다는 뜻 보다는 자기가 스스로 선과 악의 기준이 되었다고 보아진다. 왜냐면 눈이 밝아졌지만 하나님과 같이 되지 못했기 때문.

* 하나님과의 관계 단절(사랑의 관계로 창조된 관계가 파괴되고 두려움과 원수의 관계로 전락됨).

– 사랑의 대상은 클수록 안정감을 주나, 원수는 능력이 크면 클수록 더 두려움. 아담은 부끄러움이 아니라 공포를 느낌(10).

6 지금까지의 내용을 살펴볼 때, ①사탄의 정체(유 1:6, 요 8:44), ②사탄의 유혹 방법, ③사탄의 유혹을 이기는 길(약 4:7, 마 4:4, 마 6:13)에 대해 말해보세요.

* 사탄의 정체

(유 1:6) "또 자기 지위를 지키지 아니하고 자기 처소를 떠난 천사들을 큰 날의 심판까지 영원한 결박으로 흑암에 가두셨으며"

(요 8:44) "너희는 너희 아비 마귀에게서 났으니 너희 아비의 욕심을 너희도 행하고자 하느니라 그는 처음부터 살인한 자요 진리가 그 속에 없으므로 진리에 서지 못하고 거짓을 말할 때마다 제 것으로 말하나니 이는 그가 거짓말쟁이요 거짓의 아비가 되었음이니라"

* 사탄의 유혹방법

1. 하나님의 신실하신 사랑을 의심케 함(요일 4:10).
2. 흔들리는 인간을 세 가지 사탄의 무기로 공격함.
   여자가 그 나무를 본즉 먹음직도 하고(육신의 정욕), 보암직도 하고(안목의 정욕), 지혜롭게 할(이생의 자랑)

   (요일 2:16) "이는 세상에 있는 모든 것이 육신의 정욕과 안목의 정욕과 이생의 자랑이니 다 아버지께로 좇아온 것이 아니요 세상으로 좇아온 것이라"
3. 하나님의 말씀을 정면으로 반박하며 거짓 확신을 심어줌.

* 사탄의 유혹을 이기는 길

1. 흔들리지 말라(딤후 2:1): 하나님의 은혜 속에서 강하게 서서 의심이나 불만의 씨가 심겨지지 않도록 하라. 하나님의 신실하신 사랑을 신뢰하고 마음을 견고히 지켜야 함.
2. 말씀 위에 서라(마 4:4): 정확하고 확실한 성경공부를 통해 사탄의 거짓을 분별할 수 있는 눈을 가져야 함.
3. 시험에 들지 않도록 기도하라(마 6:13): 마귀의 공격을 능히 대적하기 위하여 하나님의 전신갑주를 입어야 한다(엡 6:11). 탐욕을 제거하라(약 1:15).

7 하나님께서 하나님을 떠난 아담을 어떻게 찾으셨습니까(9)? 하나님께서 "네가 어디 있느냐?"고 부르신 이유가 무엇입니까?

* 깨진 관계를 회복하기 위해 진노를 참으시며 아담이 회개하도록 돕는 대화를 먼저 주도하심.

* 범죄한 인간에게 먼저 찾아오신 사랑의 하나님: 인간의 불신의 죄의 결과는 하나님의 진노(롬 1:18). 그러나 죄에 대한 심판에 앞서 관계 회복을 원하시는 하나님.

8 하나님께서 아담과 여자를 어떻게 문책하셨습니까(11, 13)? 이에 대한 아담과 여자의 반응은 어떠합니까(12–13)? 하나님께서는 이들에게 어떤 반응을 원하셨을까요?

*아담에게 문책: "누가 너의 벗었음을 네게 고하였느냐 내가 너더러 먹지 말라 명한 그 나무 열매를 네가 먹었느냐?" 자신의 죄를 깨닫고 인정할 수 있도록 죄의 내용을 확인하심.

*여자에게 문책: "네가 어찌하여 이렇게 하였느냐?"
– 여자가 정직하게 죄를 인정하고 해결할 길을 하나님께 구할 것을 기대하시는 하나님의 마음.

*아담과 여자의 반응: 자신의 죄를 인정하지 않고 자기 불행의 원인을 외부(구조)의 탓으로 돌림.

*하나님이 원하셨던 반응: 금지된 선악과를 먹은 결과로 자신의 벗었음을 알게 되었기 때문에 첫 질문(누가 너의 벗었음을 네게 고하였느냐)에서부터 자신의 죄를 고하고 용서를 구하길 원하심(창조주 아버지의 마음).

9 하나님께서 뱀(15), 여자(16), 남자(17-19), 땅(17)에게 내리신 벌이 무엇입니까? 특히 "너는 흙으로 돌아갈 것이니라"는 선고는 무슨 의미가 있습니까(19)? 3장 15절에서 뱀에게 내려진 저주가 어떻게 인간에게 구원의 소망을 줍니까?

(1) 뱀: 저주를 받아 배로 다니며 종신토록 흙을 먹음(먹는 것이 흙과 섞임).

- 비천하고 굴욕적인 상태(미 7:17). 스스로 높아지려한 만큼 반대로 낮추심.

(2) 여자 ① 임신하는 고통을 크게 더함. 축복이 고통으로 바뀜.

- 자기와 아담의 생명을 경솔히 다룬 것(하나님의 사망 경고를 무시)에 대해서, 생명 탄생 과정의 고통을 통해 생명의 소중함을 경험하게 하심.

② 남편을 원하고 남편에게 다스림을 받음(남편과의 깨어진 관계).

- 여자가 악하게 동역을 주도하였기에 아담이 선한 동역을 주도하도록 함.

(3) 남자: 평생에 수고하여 땅의 소산을 먹음.

- 노동의 대상과 본질이 변함: 원래 생계복지는 에덴동산에서 기본적 보장이었으나 이것을 인간이 직접 책임지게 됨, 하나님의 형상으로서 만물을 다스리는 본연의 역할을 하지 못할 정도로 생계형 노동의 고통에 사로잡힘(복된 노동이 저주스럽게 됨).
- 생명을 경솔하게 다룬 것에 대해서 생계유지의 고통을 감당함으로 생명의 소중함을 경험하게 함.

(4) 땅: 사람으로 인하여 저주를 받고 가시덤불과 엉겅퀴를 냄.

- 피조물의 대표인 인간이 타락함으로 그 영향력이 자연계까지 미침(약육강식의 처절한 세계). (롬 8:22) "피조물이 다 이제까지 함께 탄식하며 함께 고통하는 것을 우리가 아나니"
- 피조물과 인간은 원래 협력 의존의 관계인데 이제 서로 부분적으로 고통과 상처를 주는 불편한 관계가 됨.

* 죽어서 흙으로 돌아감(19): 인간의 죽음을 가리킴(전 12:7).

- 죽음은 자연적인 것이 아니라 인간의 죄의 결과임을 밝히는 말씀임.
- 하나님의 형상으로서의 영광이 사라짐.

* 여자의 후손(예수님), 뱀과 뱀의 후손(사탄)

- 뱀은 그의 발꿈치를 상하게 할 것(십자가에서 죽으심). 여자의 후손은 뱀의 머리를 상하게 함(부활-죽음의 권세를 파함). 예수님을 통해 결국 사탄의 세력을 깨뜨리고 죄에 빠진 인간을 구원할 최초의 복음을 약속하심(원시복음/ 최초복음).
- 사탄은 영원히 심판하시지만 인간과 땅에 저주가 선언되기 전에 원시복음을 먼저 제시하신 것은 회복을 위해 징계하시는 하나님의 마음과 그 계획을 보여줌.

10 그 이후 아담은 그의 아내의 이름을 무엇이라고 지었으며, 그 뜻은 무엇입니까(20)? 하나님의 문책 이후, 아내를 저주하지 않고 오히려 이름을 이렇게 지은 이유는 무엇일까요? 3장 15절과 연관시켜 생각해 봅시다.

* 하와(생명).

* 여자의 이름을 하와, 생명이라고 지음으로 여자를 통해 임하게 될 하나님의 구원의 약속을 믿음.

– 원시복음을 통해 구원의 소망을 품고 살아가게 된 아담 부부.

11 하나님께서는 아담과 하와를 위해 무엇을 하셨습니까(21)? 여기에는 어떤 의미가 담겨 있을까요?

* 가죽옷을 시어 입히심.

* 가죽옷 : 죄 없는 짐승을 희생시키므로 인간의 부끄러움(연약함)을 가려주심 (구원의 약속을 이야기 하실 뿐 아니라 구원의 방법을 구체적으로 보여주심).

* 제사 제도의 시초가 되었고 제사제도의 방법이 됨(피 흘림, 죄의 대가와 대속의 은혜를 기억함).

12 하나님께서는 사람을 왜 에덴동산에서 내보내셨습니까(22)? 쫓겨난 인간의 상태는 어떠하며(23), 인간이 쫓겨난 후 에덴동산은 어떻게 됩니까(24, 계 22:1–5)?

* 생명나무 열매를 따먹고 영생할까봐.
(죄악의 문제가 해결되지 않은 상태에서 영생하는 것은 그 무엇보다 끔찍한 저주임)

* 땅을 갈며 죄로 인한 고통의 인생이 시작됨. – 하나님의 형상으로서의 영광과 생계복지를 잃어버리고 살게 됨.

* 그룹들과 불 칼로 지키게 함. (죄인 접근 금지 그러나 의인들을 위해 보존)
– 불 칼은 빙빙 돌거나 좌우로 왔다갔다하는 칼을 의미.
– 예수 그리스도 안에서 새에덴(회복되고 업그레이드 된)의 문이 열림.

삶의 자리

1 하나님이 죄에 대해 얼마나 단호하신지 살펴보고, 당신은 하나님 앞에서 교만하게 행하고 있지 않은지 당신의 삶을 살펴보세요.

2 하나님이 죄를 범한 인간에 대해 얼마나 큰 사랑을 보여주시는지 살펴보고, 당신은 그 사랑을 얼마나 깊이 느끼고 있는지 나눠보세요.

삶의 자리 +

지금 유혹받고 있거나 결단하지 못하는 문제 한 가지를 나누고 기도 요청하기

말씀의 자리 +

도대체 사탄의 정체는 무엇일까요?

대부분의 사람들은 사탄의 정체에 대하여 알기를 원하지만, 성경이 사탄의 정체를 좀 더 명확하게 밝혀주지 않는 것 같다고 불평하기도 합니다. 그러나 그렇지 않습니다. 성경에서는 우리가 반드시 알아야 할 것에 대해서는 분명히 언급하지만 그렇지 않은 것에 대해서는 침묵하는 경우가 대부분입니다. 그렇기 때문에 성경에 보이지 않는다고 해서 성경이 무언가 부족하다거나 잘못되었다고 생각해서는 안 됩니다. 그래서 요한 칼빈은 "나는 성경이 가는 곳까지 가며 성경이 멈추는 곳에서 멈춘다."는 유명한 말을 남겼습니다. 다시 말하면, 부모가 자녀에게 세상에 대하여 가르칠 때 그의 나이에 따라서 알아들을 수 있는 분량만큼만 가르치듯이, 하나님께서도 우리의 영적 분별력의 분량을 염두에 두시고 성경을 통해 가르쳐 주신다는 사실을 알아야 합니다.

그렇다면 성경에서는 사탄의 정체를 무엇이라고 말합니까? 사탄은 자신의 지위를 지키지 않고 자기 처소를 떠난 타락한 천사(유 1:6)입니다. 사탄은 마귀이며(계 20:2) 살인자이고, 거짓말쟁이며 거짓의 아비(요 8:44)입니다. 그러나 사탄은 결국 하나님에 의해서 심판을 받게 되는 존재입니다.

4

인류의 확장과 죄의 성장

창세기 4:1-5:32(4:7)

"네가 선을 행하면 어찌 낯을 들지 못하겠느냐
선을 행하지 아니하면 죄가 문에 엎드려 있느니라
죄가 너를 원하나 너는 죄를 다스릴지니라"

시작하는 이야기

죄로 인해 에덴에서 쫓겨난 인간들은 결혼과 집단 문화를 통해 점점 퍼져나갑니다. 그에 따라 죄 또한 점점 더 성장해갑니다. 개인, 가정, 사회로 퍼져나간 죄는 살인, 폭력, 음란함과 같이 하나님 없는 인간의 타락한 문화를 만들어냅니다. 죄의 성장은 여전히 현재진행형입니다. 이러한 현대의 악한 문화 속에는 하나님을 무시하는 세계관이 깔려 있습니다. 오늘 말씀을 통해서 하나님을 떠난 인간의 상태가 어떠한지, 그리고 그 속에서도 하나님을 따르는 문화가 어떻게 이어져 왔는지를 살펴볼 수 있기를 바랍니다.

말씀의 자리

1 아들을 낳은 하와의 소감이 무엇입니까(1)? 출산의 고통으로 힘들었을 하와가 왜 원망이 아닌 기쁨의 소감을 말했을까요(3:15)?

* "내가 여호와로 말미암아 득남하였다"

– 죽음의 저주 아래 있으나, 생명 탄생의 고통을 통해 생명을 얻게 되니, 그 생명의 소중함과 놀라움을 경험한 기쁨이 큼 : 이것은 하나님이 주신 큰 은혜라는 고백.

* 이 아이를 통해서 에덴으로 복귀 기대(창 3:15의 성취로 여김).

– 가인('얻음'의 뜻), 하와는 가인이 여자의 후손이기를 기대했을 수 있다. 그러나 가인은 아니었다. 여자의 후손은 예수 그리스도이다. 하와는 여자의 후손을 정확히 알지는 못했지만 여자의 후손을 기대하는 마음은 인정된다.

2 가인과 아벨은 어떤 사람이었습니까(2)? 이들이 각각 하나님께 드린 제물은 무엇이었습니까(3-4)?

* 가인: 농사하는 자/ 아벨: 양 치는 자
* 가인: 땅의 소산을 제물로 드림(곡식 제물)/
아벨: 양의 첫 새끼와 그 기름으로 드림.

- 아담과 하와의 아들들: 부모의 교육 아래 양육 받음(아담과 하와는 하나님과 창조 세계에 대한 많은 정보를 가지고 있다).
- 하나님께 제물을 드림: 사람들이 처음으로 하나님께 드린 공예배(창세기 강의, p. 84)
- 예배: 하나님의 창조주 되심에 대해 경의를 표하고(경배), 창조주의 뜻대로 존재하는 것(롬 12:1).
- 피조물의 역할을 한 마디로 표현(존경을 표하는 의전과 그에 합당한 생활. 예배 예식과 예배 생활. ex. 결혼식과 결혼생활).

3 하나님께서는 이들이 드린 제물을 어떻게 하십니까(4-5)? 하나님께서는 왜 가인과 그의 제물은 받지 않으셨을까요(마 5:23, 히 11:4)?

* 아벨과 그의 제물은 받으셨으나, 가인과 그의 제물은 받지 아니하심.
* '그 제물' 보다 사람(가인)을 먼저 언급한 것을 보면, 하나님은 제사를 드리는 자의 마음자세를 제물보다 더 중요시 하셨음을 알 수 있다. 즉, 가인의 내면의 동기와 인격이 하나님이 받으시기에 합당치 않았음(마 5:23 참조).

- 하나님께 정성으로 나아가고자 했다면 피의 제사의 중요성도 알았을 것임: 무엇을 드리느냐 보다 어떤 마음으로 드리느냐가 더 중요. 위선적 예배(예배 자리에 있다 해서 온전한 예배가 보장되는 것은 아니다)

4 가인이 하나님께 어떤 반응을 보입니까(5)? 하나님께서는 가인을 어떻게 도우십니까(6-7)?

* 문에 엎드려 있느니라(7): 문에 웅크리고 먹잇감을 노리고 있는 모습.

* 몹시 분하여 안색이 변함(그는 매우 화가 나서 그의 얼굴을 들지 못했다): 분노의 대상은 하나님이다. 아벨이 하나님께 받아들여졌기 때문에 하나님을 향한 분노가 아벨에게까지 투사된 것으로 보인다.

- 가인은 창조주 하나님께 합당한 경외심이 없는 것으로 보인다. 경외심이 있었으면 분노한 자기와 그의 제물을 점검하며 아벨에게 조언을 듣고 열납될 때까지 다시 제사를 드렸을 것이다(잠 14:27).

* 회개를 촉구하며 먼저 다가 오셔서 죄를 다스리라고 하심. 반성의 기회 주심.

5 가인은 어떤 죄를 지었으며(8), 질문하시는 하나님 앞에서 어떻게 대답합니까(9)? 하나님께서는 가인에게 어떤 벌을 내리십니까(10-12)?

* 아우 아벨을 쳐 죽임.

- 하나님을 향한 가인의 분노는 아벨에게 향하여 아벨은 억울하게 죽는다. 그의 행동은 창조주께 반역이고 인간창조목적에 역주행이다.
- 죄: 하나님의 통치에 반항하여 하나님을 모욕하고 하나님 나라 운영에 심각한 타격을 준다. 개인과 가정뿐만 아니라 사회에 치명적 악을 불러와 하나님의 형상으로서의 생명공동체(예배 공동체)를 뒤틀리게 하고 피조물과의 관계를 더 악화시킴.

* 네 아우 아벨이 어디 있느냐? - 회개의 기회를 주신다.

* "내가 알지 못하나이다, 내가 내 아우를 지키는 자니이까?"

- 하나님은 가인 스스로 죄를 인정하고 돌이키기를 원하시나 오히려 반항함.
- 하나님의 전지전능과 생명의 수권자 됨을 모욕한다.

* 땅에서 저주를 받으리니, 밭을 갈아도 그 땅이 현저하게 (아담의 수확 보다) 효력을 주지 아니함. 땅에서 피하며 유리방황하는 자가 됨.

→ (대신, 대인, 대물 관계가 해체됨 - 상호의존적 관계 붕괴)

6 벌을 받은 가인의 반응이 어떠합니까(13-14)? 이런 가인에게 하나님은 어떤 사랑을 베푸십니까(15)?

* 자기 죄의 심각성을 인정하지 않고 벌이 무겁다고 괴로워함. 하나님을 떠나 유리하는 삶과 피살에 대한 불안(살인자로서)에 사로잡힘. 그러나 죄를 인정하고 용서를 구하고 돌이키지 않는다(예배자로 돌아오지 않음).

* 가인을 죽이는 자는 7배의 벌을 받게 하시고 표를 주셔서 죽음을 면케 하심.
죄를 회개할 기회를 끝까지 주시며: 창조주 하나님의 마음(요 6:39)
인간들끼리 생명을 함부로 다루지 못하게 하심(6계명).

7 이후 가인은 어떻게 살아갑니까(16-17)? 그의 의도가 무엇인 것 같습니까?

* 하나님 앞을 떠나서 에덴 동쪽 놋(=방랑) 땅에 거주함: 정착함은 하나님의 뜻에 충돌.

* 하나님을 완전히 배제하고 자기 스스로 살아가려는 강한 의지 표출. (바깥으로는 성곽을 쌓고 안으로는 자식을 기반으로 아성을 쌓음: 에녹을 낳고 성을 쌓고 '에녹'이라 함)

8 가인의 후손들에 대해 말해보세요. 라멕과 야발, 유발, 두발가인은 각각 어떤 문화의 조상이 됩니까(18-24)? 특히 라멕의 노래(23-24)를 볼 때, 하나님을 떠난 그들의 문화가 어떠합니까?

* 가인 - 에녹 - 이랏 - 므후야엘 - 므드사엘 - 라멕 + 아다 - 야발, 유발
└ + 씰라 - 두발가인, 나아마

* 라멕: 일부다처제(음욕 때문에)의 시초
야발: 장막에 거하여 가축을 치는 자의 조상
유발: 수금과 퉁소를 잡는 모든 자의 조상
두발가인: 구리와 쇠로 여러 가지 기구를 만드는 자의 조상

* 라멕의 시:
- 음란: 라멕의 아내들이여(두 아내를 취하고 자랑스럽게 여김).
- 잔인성: 상처로 인하여, 상함을 인하여 살인(사소한 잘못에도 사람을 죽임).
- 교만: 77배의 벌(이는 자신이 가인보다 훨씬 위대하다는 말).

* 인류 문명에 공헌 (정화 과정 필요) + 죄악 더해짐

- 하나님의 형상을 구현하는 생명공동체(예배공동체)에서 이탈해서 공동묘지를 형성함. 공동묘지가 생명공동체로 회복되게 하시는 것이 창조주 하나님의 마음.

9 아담과 하와가 다시 아들을 낳고 그 이름을 무엇이라고 합니까(25)? 그 후손 중, 특히 에노스(26), 에녹(5:21-24), 라멕(28-29), 노아(29, 32)에 대해서 살펴보세요. 이들의 문화는 가인의 후손들의 문화와 어떤 차이가 있습니까?

* 셋: 씨(소망을 둠)
* 에노스: 비로소 여호와의 이름을 부름(하나님의 형상을 반영하는 건전한 예배공동체의 출현).
* 에녹: 하나님과 동행, 경건의 표상, 하나님의 뜻에 따름(노아의 홍수 전 300년 동안 하나님이 심판하러 오실 것을 예고 함 - 유 1:14-15).
* 라멕(가인의 후예 라멕과 동명이인): 고생스럽게 살아가는 인생들에게 여호와의 위로를 기대하며 아들의 이름을 '노아(안식)'라 지음.
* 노아: 의인이요 당대 완전한 자(절대적으로 완전한 자는 아님) 하나님과 동행한 자(창 6:9). 여호와께 은혜를 입은 자(8).

* 셋의 후예들은 인류의 문화와 문명에 특별히 무슨 공헌을 했다는 기록은 없음. 단지 '여호와의 이름을 불렀다'거나, '하나님과 동행'한다는 말과 함께 경건한 자손을 얻어가는 단순한 삶을 삶.
* 가인의 후예는 화려하지만 하나님을 대적하는 인간 중심의 문화를 이룸. - (하나님 대신 자기들의 활동을 의지함)

질문) 신앙인으로서 세상의 문화를 어떻게 받아들이고 대하는 것이 좋을까요?

하나님을 떠난 사람들은 인간 중심의 문화를 이룰 수밖에 없음. 그렇다고 모든 문화 자체를 부정하고 반대할 필요는 없음. 분별하여 취하고, 문화에 녹아 있는 인본주의와 악한 부분을 선한 것으로 바꾸는 문화 개혁자가 되어야 함.

삶의 자리

1 가인과 아벨의 경우를 통하여 볼 때, 당신은 하나님 앞에 어떤 마음으로 나아갑니까?

2 셋의 후손들에 대한 기록을 볼 때, 당신의 인생을 한두 문장으로 표현한다면 어떻게 표현되길 원하는지 적어보세요.

삶의 자리 +

하나님 앞에서 내가 지금 지켜야 할 문화 한 가지 (　　　　　　　　　　　　　)

하나님 앞에서 내가 지금 버려야 할 문화 한 가지 (　　　　　　　　　　　　　)

말씀의 자리 +

가인은 누구와 결혼했을까?

아담에게는 가인과 아벨이라는 두 아들이 있었습니다. 그런데 형 가인은 하나님이 동생 아벨의 제사만 받으시자 질투심에 아벨을 죽이고 말았습니다. 이제 세상에는 아담과 하와, 그리고 가인 단 세 사람밖에 남지 않았습니다. 그런데 창세기 4:17에는 가인이 결혼하여 아들 에녹을 낳았다고 기록되어 있습니다. 가인은 도대체 누구와 결혼했단 말입니까? 이단자들은 이에 대해 가인이 타락한 천사와 결혼했다고 주장하지만 그것은 사실이 아닙니다. 성경을 잘 들여다보면 가인은 아담이 낳은 딸과 결혼했음을 알 수 있습니다(창 5:4-5). 이 기록에 따르면 아담은 130세에 셋을 낳았고 그 이후 무려 800년을 더 살면서 자녀를 낳았습니다. 현재의 상식으로는 사람이 900년 이상 살았다는 것이 이해되지 않지만, 노아 대홍수 이전의 자연환경에서는 모든 사람이 적어도 몇백 년은 살았습니다.

단순한 산술적 계산법으로, 하와가 셋을 낳은 후 대략 600년 동안 2년이나 3년 터울로 아이를 낳았다고 가정해 봅시다. 그렇다면 아담과 하와의 자녀는 적어도 600÷2.5=240명 정도가 됩니다. 이들 중에 최소한 절반은 여자가 아니었을까요? 이러한 근거로 신학자들은 가인이 아담의 딸 중에서 한 명과 결혼했다고 주장합니다.

5

물로 심판하시는 하나님

창세기 6:1-8:22(6:7)

"이르시되 내가 창조한 사람을 내가 지면에서 쓸어버리되
사람으로부터 가축과 기는 것과 공중의 새까지 그리하리니
이는 내가 그것들을 지었음을 한탄함이니라 하시니라"

시작하는 이야기

하나님을 떠난 사람들의 죄는 점점 넘쳐나고, 하나님께서는 이에 대해 홍수로 심판하십니다. 그러나 심판 속에서도 하나님은 의인으로 살았던 노아와 그 가족을 택하심으로 하나님의 사랑을 보여주십니다. 이 시대 역시 점점 더 악해져 가고 있습니다. 하나님의 심판은 실재했었고, 또한 앞으로 최후 심판이 남아 있습니다. 이런 악한 시대에 하나님은 우리가 노아와 같이 구별된 하나님의 사람으로 살아가길 원하십니다. 오늘 공부를 통해 시대사상의 홍수에 휩쓸리기보다 하나님의 말씀에 거하는 거룩한 소수가 될 수 있기를 바랍니다.

말씀의 자리

1 사람들이 땅 위에 번성하기 시작할 때 어떤 일들이 일어나며(6:1-2), 그 결과 그 시대의 모습은 어떠합니까(5, 11-12)?

* 하나님의 아들들과 사람의 딸들(2): 경건한 자손과 그렇지 못한 자손들을 대조해 보여준다.
* 육신(3): 창조목적대로 살지 못하고 동물적 본능에 탐닉하는 사람이다.
* 네피림(4): 거인족, 장부들, 침략자들, 폭군들이다.
* 부패(11): 썩었다. 포악함이 땅에 가득하다. - 폭력과 불의, 하나님의 형상이 파괴되고 피조물은 유기되었다.

* 경건한 셋의 후예들이 결혼을 통해 가인의 후예와 혼합됨.

- 결혼 제도는 하나님의 형상을 구현하는 '생명공동체', '예배공동체'로 순기능을 기지니, 왜곡된 결혼은 오히려 하나님의 형상으로서의 인간 존재를 파괴함.

* 가인의 후예들에게 제한되었던 죄가 셋의 후예로까지 확대되어 세상에 죄가 가득하게 됨(예배를 잃어버림).

2 이에 대해 하나님께서는 어떻게 하시고자 합니까(3, 5-7, 13)?

* 하나님의 반응:

① 한탄하고 마음에 근심하심.

- 사람의 죄악됨을 보시고 마음속 깊이 지울 수 없는 극한의 아픔을 느끼심. 하나님이 창조하신 세계가 아름다웠고 특히 인간은 하나님께 큰 기쁨이었기 때문(신인동형어법). 창조의 실패는 아님(민 23:19; 삼상 15:29)

② 나의 영이 영원히 사람과 함께 하지 아니하겠다.

- 그들의 생명을 거두어 가시겠다는 의미. 시한부 인생이 됨.

③ 그들의 날은 일백 이십년이 되리라 - 120년 후에 심판을 내리실 계획을 세우심.

- 사람과 함께 땅을 멸하시고자 하심.
- 노아가 방주를 만들기 시작한 것은 480세, 120년 동안 완성.

3 이런 시대 속에서도 노아는 어떤 사람이었습니까(8-10)? 하나님께서는 노아에게 어떤 엄청난 명령과 약속을 주셨습니까(13-21)?

* 노아의 방주(15) : 길이 135m, 폭 23m, 높이 14m로, 축구장의 1.5배 크기 (1규빗: 46cm)
* 방주(15): 키가 없는 배로, 떠 있는 것이 목적이다.

* 셈 · 함 · 야벳의 아버지/ 그 시대의 의인
- 타락의 시대 속에서도 경건의 자세를 가지고 살았음
- 완전한 자(히 11:7, 벧후 2:5).
- 여호와께 은혜를 입은 자(8) - 네피림 후손의 실력으로 구원이 이루어지지 않고 하나님의 은혜로 된다는 사실을 보여줌.

* 명령 : 방주를 지어라(14-16).
* 약속 : 방주에 들어가면 생명을 보존하리라(17-21). → 의인을 악인과 같이 멸하시지 아니하시며, 하나님의 비밀을 경외하는 자에게 보여 주심. 타락한 세상을 멸망시키는 것보다 정화하고 회복하는 것이 창조주 하나님의 뜻.

4 노아는 하나님의 명령을 듣고 어떻게 행합니까(22-7:9)? 하나님의 말씀에 순종하는 데 있어서 당시의 노아는 어떤 어려움을 겪었을까요?

* "다 준행하였더라" (6:22, 7:5, 7:9, 벧후 2:5, 행 2:13, 약 2:17, 26)
  - 120년간 방주를 지었음. 약 2:17, 26 – 행함 없는 믿음은 죽은 믿음이다(하나님의 말씀은 나의 이해를 넘어도 진실함, 정직함을 인정한 결과).
* 노동의 어려움/ 사람들의 조롱/ 시대의 역행/ 인내

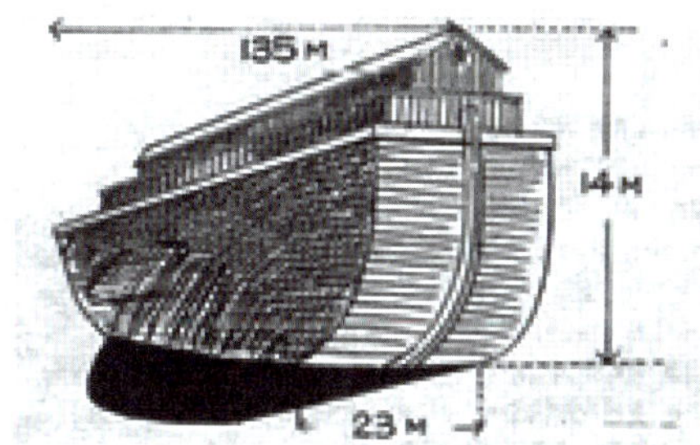

노아의 방주

- 들어간 동물의 수: 총 17,600쌍
- 들어간 동물의 종류: 포유류 3,500종, 조류 8,600종, 파충류와 양서류 5,500종. 각 쌍으로 계산하면 35,200마리의 동물을 실었나. 이 동물의 평균크기는 거의 양의 크기 정도이다. 실제 방주의 크기는 125,280마리의 양을 실을 정도의 크기이다.

5 하나님의 심판 경고가 구체적으로 어떻게 실현됩니까(10-12)? 홍수심판이 어떻게 진행되는지 읽어보세요(13-24). 하나님께서는 홍수 심판 중에도 노아를 어떻게 도우십니까?

* 하늘의 창(11): 히브리인들은 하늘의 물과 땅의 물의 경계를 하나님이 통제하고 있다고 생각했다.

* 방주에 들어간 칠일 후부터 홍수 시작.
- 40주야로 비가 내리고 큰 깊음의 샘들이 터지고 하늘의 창이 열림.
- 방주에 남은 생명만 살고 다 죽음. 물이 150일 동안 땅에 창일함.
* 하나님의 심판보응의 유보: 아담 타락 후 노아까지(심판 120년 전)
→ 홍수 7일 전까지 회개를 촉구하심(유예기간).

* 명령하신 생물들을 친히 들이심, 방주의 문을 닫아주심, 방주를 친히 운행하심.

6 하나님께서는 언제, 어떻게 노아를 방주에서 나오게 하십니까(8:1-19)?

* 아라랏 산(4): 높이가 5,165m이며, 현재 튀르키예의 동쪽 밑에 위치한다.
* 150일 동안 물로 덮으시고(7:24), 150일 동안 거두신 후(8:3), 70일 후에 나오도록 하셨다(19).

* 언제: 8:14 601년 2월 27일 (홍수 시작은 600년 2월 17일 이었음. 7:11)
* 어떻게: 바람을 땅 위에 불게 하셔서 물을 말리심(1).
- 노아는 물이 완전히 걷힌 것을 확인하고도 57일 간을 더 방주 안에 머무름 (∵ 하나님의 명령을 기다림).

7 방주에서 나온 후 노아는 무엇을 했으며, 하나님은 어떤 계획을 말씀하십니까(20-22)?

* 여호와를 위하여 제단을 쌓고, 모든 정결한 짐승과 모든 정결한 새 중에서 취하여 번제(제물 모두를 불태우는 제사)를 드림. -> 정결한 짐승을 7배나 더 많이 실었던 이유가 여기 있음.

- 생명을 건짐 받은 노아가 하나님의 은혜에 감사하여 제물을 드리고 하나님을 위하여 살겠다는 굳은 결심(예배공동체, 생명공동체로서의 정체성 유지 확인).

* 하나님의 계획

① 내가 다시는 사람(사명을 쉽게 망각하고 죄에 빠지는)으로 인하여 땅을 저주하지 않겠다.

② 땅이 있을 동안에는 심음과 거둠과 추위와 더위와 여름과 겨울과 낮과 밤이 쉬지 아니 히리라.

* 모든 생물을 멸하지 아니하리라.

* 하나님의 대안 : 아브람을 부르심(한 사람을 부르심).

삶의 자리

1 하나님의 말씀 앞에 철저히 순종했던 노아의 삶을 보면서 당신이 지금 하나님 앞에서 순종해야 할 것은 무엇입니까?

삶의 자리 +

순종해야 할 목록을 만들고 실천하기

말씀의 자리 +

도대체 그 많은 물은 어디로부터 왔을까요?

온 땅과 산들을 덮었던 놀라운 홍수 심판에 대하여 '과연 그 많은 물은 어디에서 왔을까?'라는 물의 출처에 대한 의문을 갖기도 합니다. 그러나 그러한 의문은 성경을 조금만 자세히 본다면 금방 풀릴 수 있습니다. 하나님께서 세상을 창조하실 때의 과정을 살펴보면 온 땅이 물로 덮여 있었던 것을 볼 수 있습니다(1:2). 그런데 하나님은 둘째 날에 이 물이 궁창(허공) 위의 물과 궁창 아래의 물로 나뉘게 하셨습니다(1:7). 그리고 셋째 날 궁창 아래의 물에서 땅이 드러나도록 하셨습니다(1:9). 그렇기 때문에 지구의 땅은 창공 위의 물과 아래의 물 사이에 있게 되었습니다. 시편 104:9의 말씀 "주께서 물의 경계를 정하여 넘치지 못하게 하시며 다시 돌아와 땅을 덮지 못하게 하셨나이다"를 통해 하나님께서 위와 아래의 물을 머물게 하셨던 것을 볼 수 있습니다. 그런데 하나님께서 그 물의 경계를 트셨습니다. 그리하여 "큰 깊음의 샘들이 터지며 하늘의 창문들이 열려"(7:11) 온 땅을 덮고도 남을 만한 충분한 물이 나오게 된 것입니다.

과연 노아의 방주는 지구상의 생물이 들어가기에 충분했을까요?

우선 방주의 크기를 보면 길이가 300규빗(138m), 광이 50규빗(23m), 높이가 30규빗(14m)으로 현대의 축구장으로 치면 약 1.5배의 크기에 3층 정도의 높이라고 볼 수 있습니다. 이곳에 들어간 동물의 수를 산출해 볼 때 현재 지구상에 살고 있는 동물을 포유류 3,500종, 조류 8,600종, 파충류와 양서류 5,500종으로 보기 때문에 총 17,600종이 됩니다. 여기에 두 마리씩 쌍으로 들어갔기 때문에 총 35,200마리가 방주에 들어간 셈입니다. 동물의 크기는 다 다르지만, 평균을 내면 대략 양의 크기 정도가 될 것입니다. 그렇게 볼 때 실제 방주가 실을 수 있는 동물의 수는 총 125,280마리가 되기 때문에 지구상의 동물을 싣는 데는 전혀 문제가 되지 않았음을 알 수 있습니다.

6

노아의 후손

창세기 9:1-11:32(9:1)

"하나님이 노아와 그 아들들에게 복을 주시며
그들에게 이르시되 생육하고 번성하여 땅에 충만하라"

시작하는 이야기

하나님께서는 홍수 심판 후 모든 것을 다시 회복시켜 주시며 새롭게 시작할 수 있는 기회를 주셨습니다. 그러나 당대 의인이었다고 인정함을 받았던 노아는 포도주에 취해 자신을 방치하는 실수를 하였고, 이 실수는 후손들의 삶에 막대한 영향을 미칩니다. 후손들은 크게 번성하였지만, 그들은 하나님이 없는 문화를 만들고 더 나아가 바벨탑을 세우며 하나님을 대적하려 합니다. 이에 하나님께서는 그들의 언어를 혼잡하게 하여 흩으십니다. 이처럼 죄의 영향력은 쉽게 사라지지 않습니다. 하나님과 함께하는 후손과 하나님 없는 후손은 삶의 과정이 다르고 그에 따른 결과도 다릅니다.

말씀의 자리

1 홍수 심판 후 하나님은 어떤 약속과 명령을 주십니까(9:1-7)?

* 생육하고 번성하여 땅에 충만하라
- 모든 생물을 다스릴 권리를 주심 - 동물들이 사람을 두려워하게 됨.
- 육식을 허용함 -> 홍수로 망가진 세상에 나온 노아 가족에게 베푸신 은혜

* 생명 되는 피 채 먹지 말 것: 생명의 귀중함을 알라는 것!
사람의 생명은 생명으로 보상: 사람은 하나님의 형상이기 때문 (기본적으로 살인은 하나님을 모욕함)

2 하나님께서는 누구와 어떤 언약을 세우시며(8-11), 그 증거로 무엇을 주십니까(12-17)?

* 노아와 그의 아들들 그리고 방주에서 나온 생물들(곧 땅의 모든 것) - 노아가 대표 역할을 못함.
* '다시는 모든 생물을 홍수로 멸하지 아니할 것이라'
- 아담 언약의 계승(1:26-28)

* 무지개(13): 우리의 관심사는 무지개가 이전에 존재했을까 이지만 중요한 것은 새로운 의미의 부여이다. 물이 있는 곳에 무지개 발생은 언제나 가능하므로 이것은 하나님께서 2차 홍수심판은 없다는 것을 분명히 하신 것.

3 온 세상은 누구의 후손들로 채워집니까(18-19)?

- 노아의 세 아들로부터 사람들이 온 땅에 퍼지니라
(예배공동체의 확산과 와해)

4 노아의 실수가 무엇이며(21), 이에 대한 아들들의 태도가 어떻게 다르게 나타납니까(22-23)?

* 포도주를 마시고 취하여 장막 안에서 벌거벗음. '취하여'는 노아의 영적 상태에 문제 있음(태만)
* 함: 아비의 하체를 보고 밖으로 나가서 형제들에게 아비의 수치를 공개적으로 밝혀 가정의 위계질서를 무너뜨림.
* 셈과 야벳: 옷을 취하여 자기들의 어깨에 메고 뒷걸음쳐 들어가서 아버지의 하체에 덮음. 아비의 권위를 존중하고 허물을 덮어줌.

(예배공동체의 급격한 와해 - 뿌리 깊은 죄성의 결과)

5 그 결과 어떤 일이 일어납니까(24-27)?

* 종들의 종(25): 가장 비천한 위치를 뜻한다.

* 함의 아들 가나안(함의 후손들)이 저주를 받아 형제의 종들의 종이 됨 (수 9:23, 왕상 9:20-21에서 성취됨)

– 함의 아들 가나안의 저주는 선뜻 이해가 되지 않지만 역사의 성취를 봤을 때 그 의미가 드러남.

6 노아는 몇 세 까지 살았습니까(28-29)?

* 홍수 후에 350년을 살았고, 그의 나이 950세가 되어 죽음.

– 당대 의인이었지만 하나님의 은혜 없이는 살 수 없었던 자.

7 10장은 홍수 심판 후 노아의 아들들로부터 사람들이 온 땅에 퍼지는 내용입니다. 사람들이 바벨탑을 어떻게, 왜 쌓았습니까(11:1-4)?

" 그 탑 꼭대기를 하늘에 닿게 하여": 하나님보다 높아지고자 하는 교만
" 우리 이름을 내고": 인간의 하나님을 대항하는 오만과 헛된 명예심
" 온 지면에 흩어짐을 면하자 함": 하나님의 계획에 반하는 태도임(창 1:28에 반역)
(하나님의 형상으로서의 존재와 역할을 거부함)

8 하나님께서는 이들을 어떻게 하셨습니까(5-9)?

* 하나님께서 내려오셔서 인간의 교만을 보시고 심판하고자 하심.
언어를 혼잡하게 하여 그들로 서로 알아듣지 못하게 하심.
그들을 온 지면에 흩으심. -> 바벨(=혼돈)

- 하나님의 형상으로서의 삶에 대한 역주행을 바로 잡으러 오심 - 창조주로서 통치를 구현하시는 하나님

9 이처럼 홍수 심판 이후에도 사람들의 죄 문제는 여전히 해결되지 않았습니다. 셈의 후손 중에서 데라의 아들 아브람이 등장합니다. 성경이 아브람을 상세히 소개하는 이유가 무엇일까요(히 11:8, 마 1:1)?

*아브람: 고귀한 아버지라는 뜻. 셈의 후손 , 순종의 사람.

* 한 사람 아브람을 선택하셔서 예수님의 성육신을 준비하심, 와해된 예배 공동체(생명공동체)를 믿음으로 회복하는 조상.

삶의 자리

1 바벨탑 사건을 통해, 모든 일에서 동기를 보시는 하나님을 만나게 됩니다. 당신은 삶의 현장에서 하나님과 자신 중에 누구를 더 드러내려 합니까?

삶의 자리 +

내가 신뢰하고자 하는 '나만의 바벨탑' 무너뜨리기

말씀의 자리 +

술에 대해서

노아는 포도주에 취하여 큰 실수를 합니다. 노아는 자식들 앞에서 벌거벗은 몸을 보였고, 이에 따라서 자식들도 죄를 범하게 되었습니다. 오늘날 사람들은 이런저런 이유로 술을 마십니다. 술은 기분을 즐겁게 해주고 원기를 북돋아 주는 역할도 하지만, 사람을 방탕하게 하고(엡 5:18), 판단력을 흐리게 하며(잠 23:34-35), 건강과 재산과 명예를 손상시키는 경우가 허다합니다. 혹자는 성경이 술 자체를 정죄하지 않고 있다고 말하며 술을 권장하거나 당당히 마십니다(잠 23:31). 그러나 한 번 술맛을 알게 된 사람은 적당히 마시지 못합니다. 처음에는 사람이 술을 마시지만, 어느 정도 먹게 되면 술이 사람을 먹어버리기 때문입니다. 그래서 성경은 술에 대해 아주 부정적인 면을 많이 다루고 있습니다. 술은 신앙생활에 전혀 도움을 주지 않으며 오히려 장애 요인이 된다는 것을 명심해야 합니다. 사도 바울은 "술 취하지 말라 이는 방탕한 것이니 오직 성령의 충만을 받으라(엡 5:18)"고 강조했습니다. 술에 대한 해악을 바로 인식하고, 약으로 쓰는 것 외에는 술 마시는 것을 삼가야 합니다.

바벨탑을 쌓은 인간들 (창 11:3-4)

1) 바벨의 의미: 혼잡, 혼동이란 뜻이다.
2) 바벨탑의 재료: 벽돌과 역청
3) 바벨탑을 쌓은 동기: 흩어짐을 면하기 위해, 홍수 심판을 내리신 하나님을 대항하며 자신의 구원을 도모하기 위해
4) 바벨탑의 높이: 인간이 쌓을 수 있는 한계까지 쌓았다. "성읍과 탑을 건설하여 그 탑 꼭대기를 하늘에 닿게 하여 우리 이름을 내고 온 지면에 흩어짐을 면하자 하였더니"

7

아브람을 부르신 하나님

창세기 12:1-13:4(12:2)

"내가 너로 큰 민족을 이루고 네게 복을 주어
네 이름을 창대하게 하리니 너는 복이 될지라"

시작하는 이야기

하나님의 부르심에는 축복과 사명이 있습니다. 하나님이 사람을 부르시는 이유는 부름 받은 사람의 인생을 복되게 하며, 그를 통하여 많은 사람을 복된 길로 인도하시기 위함입니다. 하지만 부름 받은 자로서 살아갈 때는 많은 어려움과 유혹이 있습니다. 그 과정에서 하나님은 택한 자를 끝까지 보호하시며 훈련시키십니다. 아브라함은 어두운 시대에 복으로 부르심을 받았지만 고향을 떠나야 하는 결단이 필요했고(12:1-9), 기근이 와서 약속의 땅을 떠났다가 큰 고난을 당했습니다(12:10-13:4). 이 과정에서도 하나님은 부르신 자와 동행하시며 그를 돌보십니다. 부름 받은 자는 죄악된 것으로부터 떠나야 하며, 자신의 인간적 판단을 내려놓을 줄 알아야 하고, 사람을 의지하려 하기보다는 하나님을 의지할 줄 알아야 합니다. 오늘 말씀을 공부하면서 이 시대 가운데 나를 부르시는 하나님을 만나시기를 바랍니다.

말씀의 자리

1 아브람이 살던 시대(13:10-13, 수 24:2)와 아브람의 가정에 대해서 알 수 있는 바가 무엇입니까(11:27-32, 12:4)?

* 물질적으로 풍요로운 시대였고 도덕적(윤리적)으로 부패하여 하나님 보시기에 죄악 된 시대였음.
* 아브람의 가정: 아브람은 고대 근동의 정치 문화 중심지인 메소포타미아의 한 성읍인 갈대아 우르에 살며, 부친이 달 신을 만들어 판매하는 가정에서 성장하였다.

2 하나님께서는 아브람을 부르시고 어떤 명령을 하십니까(12:1)? 고향, 친척, 아버지의 집을 떠나라고 하신 말씀의 뜻이 무엇입니까? 왜 떠나야 합니까?

* "떠나" "가라" (창 11:31, 행 7:2)
* 고향: 우상을 섬기는 습관과 배경을 떠남을 의미. 지금까지 살아왔던 전통적인 삶의 관습에서 떠나 하나님께서 인도하는 새로운 삶의 시작을 의미함.
* 친척: 부족시대엔 친족이 서로 보호하였음. 부족의 연대감은 생존의 필수조건.

* 아버지의 집을 떠나: 버팀목을 떠나 하나님 절대적 신뢰.

- 즉, 죄의 유혹과 하나님보다 더 의지하게 만드는 것들(세상, 육신, 옛사람, 옛 성품)을 버리길 원하심.
- 인간 중심의 유산이(생명보장) 아닌 하나님의 중심의 유산(생명보장)을 사모하게 함.

3 하나님께서 아브람을 부르실 때 명령과 함께 약속해 주신 6가지 복이 무엇이며, 아브람의 현재의 삶과 어떤 관계가 있습니까(2-3)?

① 큰 민족을 이루고 → 자식의 번성(무자한 아브람에게는 꿈같은 약속). 점진적인 하나님의 구원(아브람 → 아브라함 민족 → 모든 족속 → 세상(피조세계): 아브람 언약의 대상)

② 복을 주어 → 하나님의 은혜로운 사역으로 말미암아 모든 일이 형통함.

③ 이름을 창대케 하리라 → 이름은 권위와 능력의 대명사임. 아브라함의 이름이 널리 퍼지고 존귀케 되리라는 약속임.

④ 복이 될지라 → 저주 받은 아브람이 아닌 여호와의 복이 됨(축복의 통로)

⑤ 아브람을 축복하는 자에게 여호와께서 복을 내리시고 아브라함을 저주하는 자를 여호와께서 저주하시리라 → 아브라함이 잘되기를 바라고 아브라함과 함께 하는 자는 여호와의 복을 누리게 될 것이다.

⑥ 땅의 모든 족속이 아브라함을 통해 복을 얻으리라 → 만민에게 주어질 하나님의 복이 아브라함을 통해 열리게 되리라. 예수 그리스도를 통한 구원의 약속(갈 3:8)

- 아브라함은 현재는 초라하고 무자하지만 "약속(말씀)"을 받음으로 인해 원대한 꿈과 비전을 갖게 되었다. (복의 대상으로서, 복의 통로로서) 미래를 열정적으로 두려움 없이 살아갈 수 있는 진짜 "힘"을 얻게 됨.

질문) 아브람을 부르신 하나님이 오늘날 당신을 왜 부르셨을까?

4 부르심 받은 아브람의 반응은 어떠했습니까(4)? 누가 아브람과 함께 갔습니까(5)? 아브람은 무엇을 근거로 신앙 출발을 했습니까? 그가 어떤 형편에서 신앙 출발을 했습니까(세상적으로, 가정적으로, 개인적으로)?

* 아브람의 반응: 즉시로 순종함.

* 아버지 데라의 죽음 이후 조카 롯을 데리고 함께 떠남.

* "약속" 즉, 하나님 말씀에 근거하여(이해 안 되어도 하나님의 신실하심을 받아들인) 믿음의 여정(신앙의 출발)을 시작함.

* 세상적으로: 풍요의 쾌락, 물질만능주의 사회에서(안정된 삶, 우상숭배, 강력한 씨족공동체).

가정적으로: 아버지의 죽음. 자식 없음(소망 없는 가정).

개인적으로: 75세로 무모한 도전처럼 보이는 형편에서 출발함.

– 즉, 어느 것 하나 순종할 수 있는 형편이 아니었음에도 불구하고 하나님의 약속을 믿는 믿음으로 신앙을 결단하고 출발함.

실분) 아브람의 부르심을 볼 때,
내가 하나님의 말씀을 따르기 위해서 넘어야할 장애물은 무엇인가?

– 신앙생활은 여건이 되어서 하는 것이 아니라
부르심에 순종하여 장애물을 넘으며 하는 것

5 가나안 땅에 들어간 아브람에게 하나님께서 어떤 약속을 구체적으로 새롭게 하십니까(7)? 부르심 받고 가나안 땅에 정착하는 아브람의 모습이 어떠합니까(8-9)?

* "내가 이 땅을 네 자손에게 주리라"
 땅에 대한 구체적인 약속 → 첫 명령에 순종했을 때 주어짐.
 (세겜 땅, 가나안땅-이미 다른 민족이 살고 있었음, 장애물)
* 그가 자기에게 나타나신 여호와를 위하여 그곳에 단을 쌓음.
 벧엘 동편 산(아이와 벧엘 사이)에 옮겨 그곳에서도 여호와를 위하여 단을 쌓고 여호와의 이름을 부름(공적 예배, 감사 - 예배공동체의 모습, 히 11:9-10).

6 부름 받은 자에게 닥친 어려움(유혹)은 무엇입니까(10)? 애굽에 간 동기와 가나안에 간 동기가 어떻게 다릅니까?

* 경제적으로 어려움이 발생함 - 기근 (대물 관계 문제 발생)
* 애굽(세상을 상징)에 간 동기: 경제적 이유(물질, 환경, 생활의 곤란의 압박 - 생명 보장에 대해 자기 실력 의지 - 인간 중심)
* 가나안에 간 동기: 신앙적 이유 (말씀에의 순종, 생명보장에 대해 하나님의 약속 신뢰 - 하나님 중심)
 즉, 믿음의 결단과 순종이 반드시 편한 길을 열어주는 것은 아니다. 중요한 것은 그 어려운 상황 속에서도 여전히 하나님을 신뢰하는 삶.

7 그가 애굽에 내려가서 살기 위해 짜낸 지혜가 무엇입니까(11-13)? 부르심 받은 자가 하나님을 의지하지 못할 때 어떤 모습으로 변합니까?

* 아내를 누이로 속임: 자기 실력으로 자신의 안전과 생명 보존을 위해(당시 왕 중심의 타락한 사회적 분위기로 힘으로 남의 아내를 빼앗는 일이 종종 있었다).
* 창조주 하나님이(보호자) 함께 하심의 복을 누리지 못하고(생명의 위협을 느껴 세상을 두려워하게 되고, 비겁하고, 비굴하게 되고, 거짓말을 하게 됨), 결과적으로 축복의 통로로서 역할도 하지 못한다.

8 그가 인간적인 꾀로 행한 결과 얻은 것은 무엇이며, 잃은 것은 무엇입니까(14-16)? 그때 아브람의 심정이 어땠을까요?

* 얻은 것: 양, 소, 노비, 암수 나귀, 낙타 (바로가 사래를 아내로 데려가는 신부 값의 성격)
* 잃은 것: 아내를 바로에게 빼앗김? 바로가 억울함을 항변 (16, 18) (아내 사래, 하나님께 대한 신앙, 정직을 다 잃어버림).
* 막막함, 두려움, 앞이 보이지 아니함, 괴로움과 후회. (생명공동체의 리더가 저주를 몰고 다님)

– 자신의 불신앙, 거짓됨, 이기심을 깨닫고 깊이 회개하였을 것임.

9 하나님께서는 곤경에 빠진 아브람을 어떻게 건져내십니까(17-20)?

* 전능하신 하나님께서 바로의 집에 재앙을 내려서 사실을 확인하게 하시고 바로가 올바른 조치를 하도록 깨우침(17-18).

- 아브람의 잘못: 하나님에 대한 신뢰, 아내의 존경, 바로에게 하나님의 이름을 전할 기회를 잃고 오히려 책망을 받았다. 더욱이 롯이 애굽의 세속적 문화에 빠지게 함. 그는 하나님이 함께 함의 복을 잃었고 또 이웃에게 복의 통로가 되는 복도 잃었다(오히려 저주의 통로가 됨. ex. 아브람 공동체는 애굽 공동체에 하나님의 재앙을 불러왔다)
- 아브람은 불신의 죄에도 불구하고 애굽에서 목숨을 보전하고 물질을 얻었다(20): 이것은 하나님의 전적 은혜로서 신실하신 하나님편의 언약 집행이지(17) 결코 그의 비겁한 지혜의 결과물이 아니다. 아브람은 자기 실력으로는 얻은 것이 없고 잃은 것만 있다. 하나님의 은혜를 핑계로 자기 죄를 정당화할 수 없다.(롬 3:7-8)

10 그는 약속에 땅에 돌아와서 무엇을 했습니까(13:1-4)? 이 일을 계기로 부르심 받은 아브람이 깨달은 것은 무엇일까요?

* 처음 제단을 쌓은 곳에서 여호와의 이름을 불렀다: 믿음과 신뢰를 회복하기 위한 행동으로 감사와 찬양이 있는 공적인 예배를(예배공동체 회복) 드림.

- 대신 -> 대인 -> 대물 관계의 질서의 중요성을 경험.

삶의 자리

1 하나님의 부르심에는 놀랍고 위대한 삶이 포함되어 있습니다. 하지만 이 위대한 삶에는 먼저 죄를 끊고, 온전히 하나님만을 믿고 따르는 삶이 필요합니다. 하나님의 부르심 앞에 순종하기 위해서 끊어야 할 죄나 결단해야 할 잘못된 습관들은 무엇입니까?

2 부르심 받은 자도 어려운 환경에 처할 수 있고, 유혹을 받을 수 있습니다. 그때 부르심 받은 자가 가져야 하는 확신은 무엇일까요?

삶의 자리 +

결단의 소감 쓰기 – 버려야 할 죄악된 것들을 작성하고 결단하기

말씀의 자리 +

애굽식 생존 방법에 대해 아십니까?

가나안 땅에서 아브람의 생활은 순탄치 않았습니다. 우선 먹고 사는 문제가 가장 심각했습니다. 이 가운데 그가 취할 수 있는 방법은 더 나은 곳으로의 이주였습니다. 아직 애굽이 어떤 곳인지 모르지만 그래도 그곳은 기근 문제의 유일한 해결책으로 떠올랐습니다. 그래서 아브람은 과감히 애굽을 선택하고 출발했지만 애굽은 아브람과 그의 가족들이 생각했던 곳이 아니었습니다. 먹을 것은 풍부할지 몰라도 애굽은 철저히 왕을 위해 존재하는 도시였고, 아리따운 여인을 보면 누구든 왕이 자신의 소유로 삼는 도시였습니다. 또 왕을 위하는 일이라면 살인도 서슴지 않는 패역한 도시였습니다. 이러한 가운데 아브람이 택했던 방법은 바로 애굽식 생존 방법이었습니다. 애굽식 생존 방법은 일단 거짓으로 위기를 모면하여 자신도 살고, 기근의 문제도 해결해 보자는 것이었습니다. 이런 아브람의 무책임하고 이해할 수 없는 행동에 사라는 불만을 가졌을 수도 있었겠지만, 아브람의 대답은 분명했을 것입니다. “그러면 이런 곳에서 어떻게 하란 말인가?” 결국 아브람은 애굽에서 먹는 문제는 해결했지만 아내와 신앙을 잃은 허탈감에 빠지게 됩니다. 그러나 하나님의 도우심으로 잃었던 것을 모두 되찾게 됩니다. 이것을 통해 아브람이 깨달은 것은 무엇이었을까요? 바로 근본적인 해결책은 ‘애굽식’이 아니라 ‘하나님식’에 있다는 것입니다.

8

아브람을 기르시고 의롭게 여기신 하나님

창세기 13:5-15:21(15:5-6)

"그를 이끌고 밖으로 나가 이르시되 하늘을 우러러
뭇별을 셀 수 있나 보라 또 그에게 이르시되 네 자손이 이와 같으리라
아브람이 여호와를 믿으니 여호와께서 이를 그의 의로 여기시고"

시작하는 이야기

처음부터 성숙한 사람은 없습니다. 그렇기에 계속 자라가기 위한 노력이 필요합니다. 믿음 생활 중 실패를 줄이기 위해서는 바른 판단력(가치관)을 가져야 합니다. 또한 삶의 모든 영역에 함께하시며 나를 훈련시키시는 하나님을 믿음의 눈으로 볼 수 있어야 합니다. 13장은 롯과 아브람의 가치관을 볼 수 있는 내용입니다. 롯은 인간적인 것을 선택하고, 아브람은 하나님의 약속을 붙잡습니다. 14장에서 아브람은 롯을 구하기 위해 참전하여 승리하지만 이내 곧 주변 상황과 자신의 형편으로 인해 영적 침체에 빠지게 됩니다. 그러나 하나님은 어떤 상황과 형편에서도 끝까지 믿을 수 있는 믿음을 갖도록 훈련시키십니다. 15장에서 결국 아브람은 자신의 형편보다도 하나님의 말씀을 믿음으로 의롭다고 인정받습니다. 오늘 말씀을 공부하면서 아브람의 성공과 실패 속에서 함께 하시며, 아브람이 참된 믿음을 갖도록 도우시는 하나님을 만날 수 있기를 바랍니다.

말씀의 자리

1 재물이 많아져 아브람과 롯 사이에 문제가 발생했습니다(13:5-7). 아브람은 이 문제를 어떻게 해결합니까(8-9)? 여기서 아브람은 돈(물질)보다도 무엇을 더 중요하게 여기고 있음을 알 수 있습니까?

* 아브라함과 롯의 소유가 많아 동거하지 못하게 됨(목자들의 다툼): 돈이 많아도 다툼이 생김.
- 한정된 우물과 목초지, 가나안과 브리스 사람(불신자)도 있었음.
- 하나님의 은혜는 저절로 유지되는 것이 아님. 물질과 은사, 은혜 관리 필요함.

* 먼저 좋은 땅을 조카 롯에게 선택하게 함.
* 물질보다 사람을 더 중요시 여김(12장의 애굽에의 사건에서 깨달은 지혜 - 예배공동체를 유지하는 것이 최우선).

2 롯은 어디를 바라봤으며, 결국 어느 곳을 택했습니까(10-11, 13)? 그는 결국 어디로 옮겨 갑니까(12)? 하나님의 약속을 따라왔지만 롯은 결정적인 순간에 무엇에 근거해서 결정했습니까?

* 풍부한 목초지와 여호와의 동산 같은 요단 들 -> 소돔 땅(풍족하고 부요한 도시성읍, 애굽과 같음).
- 영적인 분별력 없이 잘 살아보자는 욕심 가운데 살기 좋은 곳으로 선택(인간중심적사고: 아브람 언약을 공유하지 못함)

* 소돔 - 물질적으로 풍요로운 도시/ 여호와 앞에 악한 도시, 타락하고 부패한 도시
* 하나님의 약속의 말씀이 아닌, 인간적이고 자기중심적인 유익을 먼저 추구함. 눈이 가려져서 주변의 팽배한 악을 보지 못함(예배공동체를 버리고 묘지공동체를 선택함).

질문) 당신은 지금까지 선택의 순간에 무엇을 기준으로 선택했습니까?
돈보다 사람이 귀하고 사람보다 하나님이 귀하나.

3 롯이 버린 곳에서 낙심하고 있던 아브람을 하나님께서는 어떤 약속으로 격려해 주십니까(14-17)? 아브람은 무거운 마음을 이기고 어떻게 반응합니까(18)?

* "너는 눈을 들어 너 있는 곳에서 북쪽과 남쪽 그리고 동쪽과 서쪽을 바라보라 보이는 땅을 내가 너와 네 자손에게 주리니 영원히 이르리라" (아브람 언약의 내용을 구체적으로 확인)

* "내가 네 자손으로 땅의 티끌 같게 하리니" (아브람 언약 유효 상세 확인)
  - 자식처럼 여겼던 롯이 떠남으로 두려워하는(롯이 예배공동체에서 이탈 - 예배공동체 축소) 아브라함에게 많은 자손을 주시겠다고 약속함.

* 하나님의 약속에 (민족 예배공동체 세움) 대해 믿음으로 영접하고 하나님께 감사의 단을 쌓음.

믿음(신앙)은 낙심된 상황 속에서 언약의 하나님을 보아야 함.

4 롯은 자신이 택한 소돔에서 어떤 고통을 겪게 됩니까(14:1-12)? 이 소식을 들은 아브람은 롯을 위하여 즉시 무엇을 했습니까(13-16)?

* 전쟁 중에 포로로 사로잡히고 재물을 노략 당함.
* 롯을 구하기 위해 집에서 훈련한 자들과 동맹을(아모리 족속 아넬, 에스골, 마므레) 데리고 단까지 쫓아가서 그들을 쳐서 파함(318인의 기습공격).
  - 시간과 물질을 희생하며 생명을 걸고 롯과 피해자들을 구하러 감.

* 아브람은 롯을 구하기 위해서 많은 전비를 지불함. 여기에서 아브람은 물질보다 사람을 더 소중히 여김을 보여줌(하나님이 복 주심은 이런 때를 위함).

롯만(마중물) 구한 것이 아니라 친척들과 부녀들과 나머지 사람들도 구했다.
  - 아브람의 출정은 하나님의 예배공동체로서 세상에 축복의 통로로 역할을 한 것이다(불의를 바로잡음).

5 그의 성숙한 신앙 인격이 어떻게 드러납니까(17-20)? 아브람이 소돔왕으로부터 전리품을 거절한 이유가 무엇입니까(21-24)? 아브람은 어떤 물질관을 가지고 있었던 것 같습니까?

* 멜기세덱을 하나님의 제사장으로 인정하고 존경의 표시로 십일조를 바침. 천지의 주재(창조주)이시요 지극히 높으신 하나님 여호와: 창조의 목적을 확인하는 말.

- 승리가 하나님의 목적에 따라 하나님의 도움으로 된 것을 인정하고 감사표시로 드림.

* 전리품을 거절함: 전쟁으로 부자가 되었다는 말을 듣지 않기 위해(전쟁으로 부자가 된 것이 아니라 의의 전쟁을 수행할 수 있도록 하나님께서 복을 주시는 것).

- 사람이 아닌 하나님만 의지하고 하나님으로부터 오는 축복을 받고자 함.

질문) 당신은 물질 앞에서 이런 분명한 신앙이 있는가?

6 환상 중에 임하신 하나님께서 아브람에게 무슨 말씀을 하십니까(15:1)? 14장을 배경으로 생각해 볼 때 하나님께서 "나는 네 방패요 너의 지극히 큰 상급"이라고 말씀하신 이유가 무엇일까요?

* "아브라함아 두려워 말라 나는 너의 방패요 너의 지극히 큰 상급이니라."

- 아브라함은 전쟁의 승리 후에 도리어 두려움과 피해의식을 갖게 됨.
- 하나님 자신이 아브라함의 방패이며 보상이라고 말해 줌.

* 북쪽 연합군을 기습공격으로 승리했지만 저들이 다시 쳐들어오면 감당할 수 없다는 생각에 두려움이 생겼으며, 당시 롯을 구하기 위해서 많은 전비를 지불한 상태로 경제적 큰 손실로 낙심을 하게 됨.

- 승리 후에도 영적으로 힘들어 질 수 있다. 큰 행사를 치루고 탈진하여 도리어 낙심하는 경우도 있다(참조. 죽기를 구하는 엘리야(왕상 19:4); 갈 6:9).

7 하나님의 격려와 위로에도 불구하고 아브람은 하나님께 어떤 불평을 합니까(2-3)? 이에 하나님께서는 무슨 약속의 말씀을 주시며(4), 아브람이 이를 실감할 수 있도록 어떻게 설명해주십니까(5)?

* 하나님이 아직 약속의 자녀를 주시지 않는다는 것에 대해 불평함.

(자기 실력의 확실한 절망을 - 불임 - 기반으로 생명을 주관하시는 하나님의 전능하심이 선명하게 부각 되는 상황)

* "네 몸에서 날자가 네 상속자가 될 것이니이다"(자손에 대해 - 생명의 주관자 하나님에 대한 믿음) - 네 몸은 사라와 아브라함을 말함.

* 밖으로 데리고 나가 밤하늘을 보여줌(시청각교육). 창조주 하나님의 권능을 실감나게 보여주심.

- 하늘의 뭇별과 같이 자손을 번성케 하겠다 하심.

(민 23:19) "하나님은 사람이 아니시니 거짓말을 하지 않으시고 인생이 아니시니 후회가 없으시도다 어찌 그 말씀하신 바를 행하지 않으시며 하신 말씀을 실행하지 않으시랴"

8 하나님의 약속의 말씀에 대한 아브람의 반응은 어떠했습니까(6)? 하나님은 이 믿음을 어떻게 여기셨습니까(6)? 아브람의 믿음은 어떤 믿음입니까(롬 4:17-18)?

* 하나님의 약속을 믿음 - 하나님의 약속을 인격적으로 신뢰하고 그 말씀에 전적으로 의지함.

* 하나님이 이를 그의 의로 여기심(믿음에서 온 의). 자격과 조건에 관계없이 간주해 주는 것임.

- '의로 여기시고'(6): 옳게 여기심. - 하나님과의 관계에서 바르게 됨을 말함.
- 바랄 수 없는 중에 바라고 믿는 믿음.
- 죽은 자를 살리시며 없는 것을 있는 것 같이 부르시는 하나님을 믿음(롬 4:17) - (흙에 생명의 호흡을 불어넣으시는 생명의 주)

"믿음은 확률이나 경험을 의지하는 것이 아니라 하나님의 약속을 바라보는 것"

9 하나님께서는 언약을 확증시켜 주시기 위하여 무엇을 준비토록 하시며, 이에 대해 아브람은 어떻게 반응합니까(9-11)?

* 삼년 된 암소와 삼년 된 암염소와 삼년 된 숫양과 산비둘기와 집비둘기 새끼를 준비시키심.
- 이는 언약이나 조약의 체결을 보증하기 위한 고대 근동의 보편적인 관습임(렘 34:18-20).
- 종주속주관계형성: 여호와께서 종주가 되셔서 아브람을(속주) 친히 보호하고 구원하시는 역할, 아브람은 속주로서 종주의 뜻에 순종하는 역할을 약속함.

* 적극적으로 순종함. 하나님을 만날 준비를 정성껏 준비함(요 4:23,24).
- 모든 것을 취하여 중간을 쪼개고 그 쪼갠 것을 마주대하여 놓고 새는 쪼개지 아니함.
- 솔개를 쫓음(거룩한 제의가 신행되노록 노력함).
- 중간을 쪼갬: 언약 체결 행위(피 흘림 - 각자 이행에 생명을 담보)

10 하나님께서 아브람과 그 자손의 앞날에 대하여 무슨 말씀을 주십니까(13-21)? 아브람의 자손들이 언제 이 땅(가나안)을 기업으로 얻게 됩니까(16)? 아브람과 언약을 체결하기 위해 하나님이 친히 하신 것은 무엇입니까(17)?

* 아브람의 자손이 이방에서 400년 동안 객이 될 것임. 여호와께서는 아브람의 자손이 섬기는 나라를 징벌하고 그들은 사대 만에 큰 재물을 얻어 사대 만에 돌아올 것임(입애굽과 출애굽)
- 아브람은 장수하다가 편안하게 조상에게로 돌아가게 될 것임.
- 약속의 땅 가나안의 범위에 대한 구체적인 언급

* 4대만에 돌아옴: 4대(400년)는 하나님께서 정하신 때를 의미함.
* 연기 나는 화로가 보이며 타는 횃불이 쪼갠 고기 사이로 지남.
- 횃불: 여호와의 임재 상징(출애굽기-불기둥, 구름기둥).
- 연기 나는 화로: 심판을 상징(공의를 나타냄).
- 고대 근동 계약, 맹세의 방법: 제물 사이를 두 사람이 지나감으로 계약이 성립됨. 계약을 어기면 쪼갠 고기처럼 된다는 뜻.

삶의 자리

1 아브람은 믿음과 도전으로 승리(성공)를 체험하고서도 급격히 낙심에 빠졌습니다. 그 이유가 무엇일까요? 그럼에도 하나님은 책망하지 않으시고 친절하게 믿음을 갖도록 도와주십니다. 그 이유가 무엇일까요?

2 더디 응답되는 하나님의 약속으로 인해 불평하는 아브람에게 언약 의식을 행함으로 약속을 새롭게 해주시는 하나님을 볼 때, 하나님은 우리가 어떤 믿음을 갖기를 원하실까요?

삶의 자리 +

선교헌금(10% 십일조) 감당하기

성경적인 헌금생활(고후 8:1-5, 9:6-7) 묵상하고 실천하기

말씀의 자리 +

아브람이 선택한 헤브론의 마므레 상수리 수풀

아브람의 목자들과 롯의 목자들 사이에서 발생한 다툼에서 아브람으로부터 선택권을 받은 롯은 결국 소돔을 택합니다. 그러나 아브람은 오직 하나님께 모든 것을 의탁하고 헤브론의 마므레 상수리 수풀로 옮겨 단을 쌓습니다. 그런데 이곳은 후에 아브람과 그의 후손들에게 중요한 신앙의 근거지가 됩니다. 사실 헤브론은 다툼보다는 양보로, 재물보다는 하나님을 택한 아브람에게 하나님께서 주신 선물이라고 볼 수 있습니다. 이는 믿는 자에게는 누구나 영적 헤브론을 허락하실 하나님을 바라보게 합니다. 먼저 그의 나라와 의를 구하다가 어려움과 고통 그리고 핍박을 당할 수도 있습니다. 그러나 하나님이 주시는 헤브론이 있다는 사실을 기억해야 합니다.

9

믿음의 조상으로 준비시키시는 하나님

창세기 16:1-17:27(17:7)

"내가 내 언약을 나와 너 및 네 대대 후손 사이에 세워서
영원한 언약을 삼고 너와 네 후손의 하나님이 되리라"

시작하는 이야기

성숙한 신앙인은 하나님의 때를 기다릴 줄 아는 사람입니다. 인간적인 조급함은 도리어 일을 망치게 합니다. 하나님께서 약속의 성취를 더디 하심은 약속받은 자의 성숙을 더 중요하게 여기시기 때문입니다. 따라서 하나님 앞에서 자신을 돌아보며 늘 겸허한 자세를 가져야 합니다. 아브람은 하나님의 약속을 기다리지 못하고 다른 아이를 갖게 되어 가정에 불화를 가져오게 되었지만, 하나님의 도우심으로 난처한 상황을 해결하게 됩니다(16장). 하지만 곧 아브람은 하나님을 잊고 현실에 안주하며 살아갑니다. (성경에는 86세에서 99세 사이의 아브람의 행적이 기록되어 있지 않습니다. 이 기간은 아브람이 이스마엘을 얻고 난 후 하나님의 약속과 말씀을 잊은 때라고 볼 수 있습니다.) 그러나 하나님께서는 이런 아브람과의 언약을 갱신하기 위하여 그의 나이 99세 때에 다시 찾아오십니다(17장). 오늘 말씀을 공부하면서 조급함이 어떤 결과를 가져오는지 살펴보고, 하나님은 택한 자를 포기하지 않으시고 결국 약속을 성취해 가시는 분이심을 발견해야겠습니다.

말씀의 자리

1 하나님의 때를 기다리지 못한 사래는 자식을 얻기 위하여 어떤 방법을 썼으며(16:1-3), 이로 인해 아브람의 가정에 무슨 문제가 발생합니까(4-6)?

* 여종과 동침하도록 함(첩으로 맞게 하는 당시의 관행에 따라).

* 하갈이 여주인 사래를 멸시함, 사래가 아브라함을 원망, 하갈이 도망.

\- 가정에 불화가 생김.

\- 늙어감에 따른 초조함과 약속(상속자)에 대한 불신(애굽 실패와 비슷).
\- 인내심을 잃고 인간적인 방법을 동원 -> 잘못된 합리화 동원.
\- 하나님의 뜻을 인간적인 노력과 힘으로만 이루려 하면 문제가 생긴다.

(예배공동체의 하나님과 사람과의 관계가 틀어짐 - 오히려 하갈과 이스마엘은 아브람 공동체의 일원으로 잘 적응하면 좋았을 것 - 그러나 아브라함 언약 관계의 직접적 상속자로서는 부적합)

2 하나님께서는 이 문제를 어떻게 도우십니까(7-11)? 이스마엘에게 두신 하나님의 뜻은 무엇입니까(12)? 하갈은 자신이 만난 하나님이 어떤 분이라고 고백하고 있습니까(13-14)? 이스마엘이 태어날 때 아브람의 나이는 몇 세였습니까(15-16)?

* 하갈에게 사래에게 복종하도록 함(9): 원래의 위치로 돌아가서 가정의 질서를 지키라(아브람 공동체에 합류할 기회 그러나...)

\- 이스마엘의 장래에 대한 보장을 약속하심, 자손의 번성(10).

* "사람들 중에 들나귀 같이 되리니": '들나귀'는 길들이기 어려운 성품을 말함. 이스마엘과 그의 후손들이 여러 사람과 적대관계 속에서 살게 될 것.

* 하갈이 체험한 하나님: 감찰하시는 하나님 - 보시는 하나님, 생각하고 염려해주시는 하나님.

'브엘라해로이' - '살아계셔서 나를 지켜보시는 하나님의 우물' - 인간중심적 불신의 죄에도 불구하고 연약한 생명과 약자를 돌아보시는 창조주 하나님.

* 86세(부르심 받은지 11년 후)

질문) 아브람의 가정을 도우시는 하나님을 보면서 어떤 생각이 드는가?

3 하나님께서 다시 아브람을 찾으신 때가 언제이며, 주신 말씀이 무엇입니까(17:1)? 공백 기간 동안 아브람의 신앙생활이 어떠했을 것 같습니까(16:16, 17:18)?

* 전능한 하나님이라(1): 모든 상황과 형편을 초월하여 일하시는 능력의 하나님.

* 아브라함의 99세 – 인간적 소망이 끊어진 때(인간은 생명과 시간을 주관하지 못함) – 부르심 받은 후 24년(12:4). 이스마엘을 낳은 후 13년(16:16) 침묵.
* "나는 전능한 하나님이다. 너는 나에게 순종하며 내 앞에서 흠 없이 살아라"
  -> 코람데오(Coram Deo)의 삶 요구
*아브람의 상태: 이스마엘에 대한 정이 깊어지고, 기다림에 지침. 하나님의 약속에 대한 소망이 점차 약해짐. 사라를 통해서 아이를 낳는 것을 단념함. 인간중심적 사고를 함(하나님이 함께 하고 있다는 현실이 무의미하게 생각됨 – 일부 현실이 전체 현실로 굳어지는 중).

4 하나님은 왜 다시 찾아오셨습니까(2)? 하나님께서 아브람과 새롭게 세우신 언약의 내용은 무엇입니까(4-8). 여기서 아브람의 이름을 고쳐주신 의미가 무엇입니까(5-6)?

* 여러 민족의 아버지(5): 장차 예수 그리스도를 통해 이루어질, 하나님이 통치하시는 나라의 조상을 말한다.

* 하나님은 약속을 잊지 않고 계심. 잠자는 아브라함의 신앙을 깨워 약속을 성취하시기 위해.

* ① '아브라함'으로 바꿔주시며 '여러 민족의 아버지'가 될 것을 약속(4-5)
② 아브람을 통해 여러 민족과 왕들이 나올 것임을 약속하심(6)
③ 후손들에게도 '영원한 언약'이 되어 후손들의 하나님이 되어주실 뿐 아니라 가나안을 너와 네 자손의 영원한 기업이 되게 하심(7-8). 아브라함이나 혹은 아브라함의 자손 몇 대에서 끊어질 약속이 아니라 영원히 지속될 언약임.

* 아브람(고귀한 아버지) -> 아브라함(여러 민족의 아버지).
- 이름은 그 사람의 인격(삶)과 역할을 의미. 아브람의 인생이 새롭게 전개될 것을 암시하심(야곱->이스라엘, 게바->베드로, 사울->바울).
- 자기 자신만 생각하지 말고 여러 민족의 아버지로서 넓은 시야를(하나님 나라 건설) 가지고 언약의 조상답게 살도록 축복해 주심.

5 하나님은 아브라함과 그 후손이 간직해야 할 영원한 언약의 표징으로 무엇을 행하라고 명하십니까(9-10)? 할례의 중요성을 말해보세요(11, 14). 구약의 할례는 신약의 세례와 비슷한 의미입니다. 그렇다면 할례(세례)는 우리에게 어떤 의미가 있습니까(신 10:16, 롬 2:28-29)?

* 할례(10) : 남성 생식기의 표피 윗부분을 제거하는 의식이다.

* 할례를 행하라고 함.

* 할례는 하나님과의 언약에 대한 인간 측의 순종의 표시임(약속과 의무를 묶어 주는 역할, 언약의 표징).

- 즉 할례는 하나님께서 택하신 자, 아브라함의 자손이라는 보증이라고 할 수 있음(아브라함 공동체는 생명공동체, 예배공동체, 언약 공동체, 할례 공동체 - 소속 자격은 인종, 신분을 초월한 언약 수용자 13-14).

* 신 10:16 "마음의 할례를 행하고 목을 곧게 말라"
롬 2:28-29 "할례는 마음에 하라"

- 할례의 진정한 의미는 형식에 있는 것이 아니라 내용에 있음. 즉 할례는 육신의 일부분을 베어내는 것이 아니라 마음의 악한 본성을 제거하고 하나님의 백성다운 삶을 살기로 결단하는 의미가 있음.
- 신약에서는 그 형식은 폐지되었지만 세례를 통해 그 의미를 계승하고 있음.

6 하나님은 사래의 이름을 어떻게 고쳐 주셨으며, 그 뜻은 무엇입니까(15-16)?

* 사래(15): 공주
* 사라(15): 여주인, 왕후(열국의 어미)

* "사라"라고 이름을 고쳐주심.

- 사래(공주) -> 사라(여주인, 왕후, 여러 민족의 어머니).
- 그녀가 낳은 아들(후손)을 통해 만왕의 왕이신 그리스도께서 오실 것을 예언.

7 하나님의 약속이 있었지만 아브라함은 어떤 부정적인 소원을 말합니까(17-18)?

*백세된 사람이 어찌 자식을 낳을까(17): 하나님의 말씀에 대해 처음에는 부정적인 반응을 보였지만 바로 하나님의 말씀대로 할례를 행하는 것을 볼 때 이를 일시적인 불신(temporary disbelief)이라고 봄(롬 4:19-21).

* 웃음(의심). "이스마엘이나 하나님 앞에 살기를 원하나이다"

- 아브라함은 이스마엘이 아브라함 언약을 승계할 수 있기를 원하는 듯하다. 하나님 편에서는 이스마엘은 아브라함 언약을 파기하는 증표다. 하나님을 완전히 배제하고 언약과 상관없이 나온 이스마엘은 언약을 상속(아브라함 언약 공동체의 대표)할 수 없다.

8 이스마엘에게 기대를 걸고 있는 아브라함에게 언약의 자식을 주실 것을 확신시키기 위해 하나님께서 주신 두 가지 말씀은 무엇입니까(19, 21)? 이스마엘은 어떻게 된다고 말씀하십니까(20)?

① 이름을 지어주심 – "네 아내 사라가 네게 아들을 낳으리니 너는 그 이름을 이삭이라 하라 내가 그와 내 **언약**을 세우리니 그의 후손에게 **영원한 언약**이 되리라."

– 이삭(웃음, 기쁨)의 정체성은 하나님 중심이다. 하나님께서는 자신만의 능력이 필요한 때에 개입하시고 아브라함의 순종을 통해 아브라함 언약의 성취를 주도해 가신다.

② 기한을 정하심 – "내 **언약은** 내년 이 시기에"

– 언약을 이삭과 세우리라 : 하나님은 사라를 통해 난 아들과 언약을 세우시겠다고 분명히 말씀하신다(15:4). 이삭은 하나님의 언약 성취 능력과 아브라함의 순종을 기반으로 살아있는 언약 가운데 태어난 언약의 후손 – 아브라함 언약 공동체의 차기 대표.

* 이스마엘에 대한 아브라함의 기도를 들으심 – 아브라함 언약의 부분적 대상으로서 복을 주어 그를 매우 크게 생육하고 번성하게 하심.

– 생명보존, 자손 번성 그러나 이스마엘은 이삭과 함께 상속자가 될 수는 없음. 이스마엘의 출생은 하나님의 계획을 파기하고 육체의 계획을 이루고자 시도한 일에서 비롯된 것이기에.

9 하나님의 말씀을 다 들은 후 아브라함은 어떻게 반응합니까(23-27)?

* 아브라함 집의 모든 사람(男)에게 할례를 행함.

바로 순종함(롬 4:20 - 의심치 않음, 말씀하신대로, 당일에)

(하나님의 개입으로 아브라함 언약이 바로잡히고 언약 공동체가 할례를 통해 안과 밖으로 굳건해짐)

질문) 당신은 하나님의 말씀에 즉시 순종합니까?

삶의 자리

1 '신앙생활을 한다'는 것은 하나님의 뜻을 알아가고, 그분의 때를 기다리는 것이라고 말할 수 있습니다. 당신이 하나님의 때를 잘 기다리지 못하고 조급해한다면 그 이유는 무엇입니까?

2 하나님은 아브라함이 믿음의 조상이 되게 하시고, 하나님 백성의 표징으로 표피를 제거하게 하셨습니다. 하나님의 자녀답게 살기 위해서 당신의 삶 속에서 잘라내야 할 것이 있다면 무엇인가요?

삶의 자리 +

말씀 보는 데 방해되는 것 한 가지 제거하기

예) TV, 인터넷, 핸드폰, 쇼핑, 아침잠 등등

말씀의 자리 +

86세에서 99세까지 아브라함은 무엇을 했을까요?

성경은 16장에서 17장으로 이어지면서 아브라함의 13년의 세월에 대해서는 어떤 언급도 없이 침묵하고 있습니다. 이는 아브라함이 이스마엘을 얻고 난 이후 13년의 기간입니다. 도대체 성경은 왜 이 기간을 언급하고 있지 않으며, 아브라함은 과연 이 기간에 무엇을 했을까요? 13년이라고 하면 그리 짧은 기간이 아닌데 하나님께서는 왜 이 긴 기간 동안 조용히 계시다가 아브라함의 나이 99세 때 그의 앞에 다시 나다나셨을까요? 물론 그 이유를 정확히 알 수는 없지만, 틀림없이 아브라함에게 이 기간을 통하여 하나님께서는 무언가 무언의 메시지를 주셨음을 알 수 있습니다. 다시 말하자면 하나님이 보실 때 이런 침묵의 기간이 아브라함에게 필요했으리라는 것입니다. 그러면 이 기간을 통해 하나님께서 아브라함에게 주시고자 했던 것은 무엇일까요?

① 우선, 하나님의 약속을 외면한 채 자신의 아내 사래의 말을 듣고 첩 하갈을 얻어 이스마엘을 낳은 아브라함의 불신에 대한 책망성 침묵을 생각할 수 있습니다.

② 하나님은 13년 만에 다시 나타나심으로 세월에 관계없이 약속하신 것은 반드시 이루시는 하나님의 신실하심을 보이셨음을 생각할 수 있습니다.

③ 하나님께서는 침묵 속에서도 함께 하신다는 사실을 보여주심으로, 아브라함의 믿음을 성장시키고자 하심을 알 수 있습니다. 물론 이 13년의 기간 동안 아브라함은 하나님과의 관계에서 많은 부분이 희미해졌을 수도 있을 것입니다. 그러나 결국 하나님께서는 이 기간 동안 아브라함에게 하시던 일을 중단한 것이 아니라, 아브라함을 또 다른 차원에서 성장시키려고 계속하여 일하고 계셨다는 사실을 깨닫게 합니다.

할례에 대하여

할례는 고대 중동지방에서 널리 이루어졌던 성년 의식의 일종이었습니다. 할례의식은 하나님의 부르심을 받고 언약을 믿는 자들이 언약 백성의 표징으로 행하도록 하나님께서 정하신 제도였습니다. 이는 하나님의 백성을 구별하는 표시이기도 했지만, 세상을 향하여 살아가던 옛사람을 벗고 하나님의 자녀로서 새롭게 출발한다는 의미를 가진 정결 의식이기도 했습니다.

10
아브라함을 벗으로 대하시는 하나님

창세기 18:1-20:18(18:17-18)

"여호와께서 이르시되 내가 하려는 것을 아브라함에게 숨기겠느냐
아브라함은 강대한 나라가 되고 천하 만민은
그로 말미암아 복을 받게 될 것이 아니냐"

시작하는 이야기

사람은 자신이 아끼고 소중히 여기는 것으로부터 영향을 받습니다. 세상을 벗하며 산 사람은 안목의 정욕으로 인해 영적으로 둔하여지며 하나님과 멀어집니다. 반면 세상 낙을 다 누리지 못하여도 하나님을 가까이하며 산 사람은 생명과 더 큰 기쁨을 얻게 됩니다. 본문 말씀에는 아브라함과 롯의 평소 생활과 소돔과 고모라의 멸망이 소개되고 있습니다. 도시 문화를 즐기지는 못했지만, 하나님과 더불어 살았던 아브라함은 갑작스럽게 방문한 하나님과 사자들을 지극정성으로 대접하며 벗으로 인정받습니다(18장). 반면 롯은 세상 문화에 젖어 거룩함을 상실하고, 삼촌 아브라함의 중보기도 덕에 심판받는 소돔과 고모라에서 탈출할 수 있게 되지만 그 이후에 너무나도 비참한 삶을 살게 됩니다(19장). 오늘 말씀을 통해 하나님을 의지하고 사는 자와 세상을 의지하고 사는 자의 생활과 그 결과를 알 수 있습니다. 평소 자신의 삶이 어떠했는지, 무엇에 가치를 두고 살았는지를 점검해 보고, 하나님과 참된 벗의 관계를 이루는 시간이 되기를 바랍니다.

말씀의 자리

1 본문의 손님은 사람의 모습으로 찾아온 하나님과 두 천사를 가리킵니다(18:16-17, 19:1). 아브라함은 찾아온 손님을 어떻게 대접합니까(18:1-8)?

* 스아(6): 고체의 부피 측정 단위. 약 7리터.

* 지극정성으로 대접함.
(고대 근동의 손님대접관습 – 상부상조 -> 풍성한 축복의 통로 역할 실천)
장막 문에 달려 나가 몸을 땅에 굽혀 엎드려서 맞이함.
손님을 "나의 주여"라고 부름(겸손하게 존경 표시).
자신의 집에서 머물다 갈 것을 간청하며, 그들을 섬기는 것은 은혜를 입은 것이라고 함.
고운가루 세 스아(18-20리터)로 떡을 굽고(다량의 식물은 우대의 표시)
엉긴 젖과 우유와 송아지 요리로 대접함(보통 산양을 잡으나 송아지를 잡은 것은 최고의 대접).
식사할 동안 서서 시중을 듦.

질문) 당신은 남을 어떻게 대접하나요?
– 손님 대접의 모습을 보면 그 사람의 신앙인격과 성숙도를 알 수 있음.

2 하나님께서 아브라함에게 어떤 좋은 소식을 전하셨으며(9-10), 이에 대한 사라의 반응은 어떠합니까(11-15)? 그러나 하나님께서는 어떻게 이들의 믿음을 도우십니까(14)?

* 내년 이맘때에 내가 반드시 네게로 돌아오리니 네 아내 사라에게 아들이 있으리라
* 웃으며 의심함. '노쇠하였고 내 주인도 늙었는데 내게 무슨 즐거움이 있으리요?
– 하나님은 언약을 수호할 의지를 보이시지만 인간은 자신의 한계로 체념해 버렸다.
* 스스로를 일컬어 능하지 못함이 없는 분으로 소개함.
– 사라가 장막에서 속으로 웃은 것까지 아시는 전능한 하나님이심을 보여주심.
– 기한을 말씀하심으로 약속의 신실함을 보장하심.

3 하나님은 어떤 두 가지 사실을 아브라함에게 숨김없이 이야기하십니까(16-19, 20-21)? 여기서 하나님과 아브라함이 어떤 관계인 것을 알 수 있습니까(약 2:23, 요 15:15)?

*① 아브라함이 강대한 나라가 되고 그를 통하여 천하 만민이 복을 받게 될 것임.

- 의와 공도의 실천이 아브라함 공동체의 복이고, 축복의 통로가 되는 핵심 원인
- 의(츠다카 정의) - 성경적 정의는 옳고 그름을 구별한 후 회복을 이루는 것까지.
- 공도(미쉬파트 공정) - 법 앞에서 평등

② 소돔과 고모라의 죄상을 알아보기 위해 친히 내려오셨다는 사실을 말씀하심.

- 의와 공도를 행하시는 하나님을 직접 체험하므로 깨닫게 하심.

* 아브라함과 하나님의 관계: 벗의 관계 (믿고 나누는 관계)

- (약 2:23) "그는 하나님의 벗이라 칭함을 받았나니"
- (요 15:15) "너희를 친구라 하였노니 내가 내 아버지께 들은 것을 다 너희에게 알게 하였음이라"

4 소돔과 고모라를 멸하시려는 하나님의 뜻을 알게 된 아브라함은 기도합니다(22-23). 아브라함의 기도 내용과 기도하는 자세에서 배울 점이 무엇입니까(24-33)? 여기에서 '여러 민족의 아버지'로서 아브라함의 모습이 어떻게 나타나고 있습니까?

* 기도의 내용: 소돔과 고모라 땅의 의인을(마중물) 생각하사 그 땅을 구해 주옵소서.
* 기도의 자세
  - 상한 목자의 심정(사랑)
  - 자신을 위한 기도가(복) 아니라 다른 사람을 위한(축복의 통로) 중보기도였음.
  - 무조건 멸하지 말라고 간청한 것이 아니라 공도와 정의를 이루어 주시길 구함.
  - 주장하는 자세가 아니라 하나님의 뜻의 실현을 위해 구함.
  - 끈질긴 기도(간절함과 인내), 겸손과 두려움으로 기도함(27, 30-32)

* 악한 소돔과 고모라도 나의 자손(회복되어야 할 창조주 하나님의 피조물)으로 알고 아버지의 심정으로 자신을 버려가면서 간절히 기도함.

여러 민족의 아버지로서 - 아브라함 언약의 체결자 - 열국백성을 위한 중보기도

5 천사들이 소돔을 방문한 목적이 무엇이었으며(18:20-21, 19:1), 롯은 이들을 어떻게 대접합니까(2-3)? 현재 그의 내면성과 영적 상태가 어떠한 것 같습니까?

* 소돔과 고모라의 부르짖음이 크고 죄악이 심히 무겁기 때문에 그 사실 여부를 친히 알아보기 위해(공도) 이것은 하나님이 인간의 상황을 잘 알지 못해 확인하기 위한 것이 아니라, 하나님의 인간의 심판에 대해 신중을 기하고 있음을 보여줌(하나님은 심판 보다 회복을 원하신다 - 정의).

* 롯도 대접하긴 하나 아브라함과는 나름 - 자기 집에 들어와서 쉬고 길 것을 청함./ 무교병을 구워 그들을 먹임(효소 없는 빵으로 빨리 준비할 수 있음).
- 외적으로 풍요로운 땅에서 더 인색하게 대접함. 메마름, 인색함, 부요함이 없음.
- '무교병'은 롯의 마음이나 영적 상태를 대변해줌. 명목상의 신앙생활 짐작(아브라함이 축복의 통로로 성장하는 동안 롯은 정체 되거나 퇴보됨).

6 외부에서 온 손님들에 대한 소돔 사람들의 태도가 어떠했으며(4-5), 롯은 이 문제를 어떻게 해결하고자 합니까(6-8)? 롯에게 해결할 능력이 없자 누가 나섭니까(9-11)?

* 상관하다(5): 성적 관계를 의미한다(당시에 동성연애가 성행했음을 알 수 있음).

* 남자를 가까이 하지 아니한 딸들을 내어줌으로 손님들을 보호하고자 함.
- 자기 방식으로 문제를 해결하려 했지만 역시나 악한 방법이었음.
- 소돔 사람들은 오히려 롯을 밀치고 문을 부수려함(우습게 봄).

* 결국 천사가 롯을 집안으로 끌어들이고 문을 닫음. 문밖의 무리로 눈을 어둡게 함.

7 결국 천사들이 롯에게 알린 소식이 무엇이었으며(12-13), 이 소식에 대한 롯의 사위들의 반응이 어떠합니까(14)?

* 소돔의 멸망: 여호와께서 이곳을 멸하시려고 우리를 보내셨나니 우리가 멸하리라
* 농담으로 여김
  - 롯은 사위들에게도 도덕적 권위를 인정받지 못하고 있었음을 짐작.
  - 사위들은 임박한 심판과 그 성읍의 도덕적 타락상에 대한 심각성을 전혀 깨닫지 못하고 무감각해져 있었음. 하나님의 심판을 농담으로 여기는 현대인의 완악한 모습과도 비슷.

(하나님의 공도와 정의를 짓밟는 소돔과 고모라)

8 지체하는 롯의 가족들을 천사들이 어떻게 도와주었으며(16-22), 소돔과 고모라는 어떻게 되었습니까(23-25)? 롯의 아내는 어떻게 되었습니까(17, 26)?

* 롯을 재촉하여 롯의 손과 그 아내의 손과 두 딸의 손을 잡아 인도하여 성 밖에 둠.
* 여호와께로부터 유황과 불이 내려와 성들과 온 들과 거주하는 모든 백성과 땅에 난 것을 다 엎어 멸함.
* 뒤를 돌아보지 말라는 하나님의 명령에 불순종 하여서 소금기둥이 됨(심판을 벗어날 기회를 잃음).

  - 왜 돌아봤을까? 불신, 호기심, 물질에 대한 미련.

9 하나님께서 롯을 구원하신 이유가 무엇입니까(27-29)? 중보기도의 중요성을 말해 보세요(29). 그럼에도 세상과 벗 삼아 산 자의 마지막 모습은 어떠했습니까(30-38)?

* "하나님이 아브라함을 생각하사" (아브라함 언약은 살리는 언약, 회복의 언약)
* 아브라함의 중보기도(언약 체결자로서)는 소돔과 고모라의 불심판에서 롯과 딸들을 구하는 강력한 도구가 되었음.

* 두 딸이 아버지를 속이고 잉태하여 아들을 낳음(은혜는 잘 관리해야 함).
  - 세상의 도리를 따라 배필 될 사람을 찾을 수 없음을 알게 된 두 딸은 공모하여 그의 아비 롯에게 술을 마시게 하고 차례로 그의 아비와 동침하여 잉태하고 아들을 낳아 모압, 벤암미라고 함(망가진 생명공동체의 출현).

10 20장은 아브라함을 부르시고 벗 삼으신 하나님이 그를 도우시는 장면입니다. 아브라함의 습관적인 실수가 무엇입니까(1-2)? 아브라함은 왜 그랬습니까(11)? 불신자들도 주관하시는 하나님께서 아브라함을 어떻게 도우십니까?

* "그의 아내 사라를 자기 누이라 하였으므로(2)"
* "내 아내로 말미암아 사람들이 나를 죽일까 생각하였음이요(11)" - 생명의 주관자 하나님의 벗됨의 자리를 일시적으로 누리지 못함.
* 하나님이 아비멜렉에게 현몽하셔서 범죄 하지 못하게 하시고, 아브라함은 많은 재물(속전, 화해의 선물)을 얻음(아브라함의 일시적 흔들림은 아비멜렉에게 복이 되지 못하고 피해를 줌(20:18) - 일시적 퇴행).
* 하나님은 아브라함의 생명과 아브라함 언약을 보호하시는 분이심을 아브라함에게 확실히 각인시키시고(3), 아브라함은 반드시 모든 민족을 위한 축복의 통로로서 살아가도록 인도하신다(7, 17).

삶의 자리

1 세상을 벗 삼아 살던 롯과 하나님을 벗 삼은 아브라함의 삶의 결과를 보면서 인생에 대해 어떤 지혜를 발견합니까?

*세상을 벗 삼을 때 얻은 것을 다 잃어버림.
*하나님을 벗 삼을 때 잃은 것을 다 회복함.
- 롯과 아브라함의 삶 비교.

	세상을 벗 삼은 롯	하나님을 벗 삼은 아브라함
생활	문화를 즐김(소시민의 삶)	장막(개척자의 삶)
내면	두려움(19:19), 욕심, 죄악에 시달림(벧후2:7)	확신, 기쁨, 감사(단 쌓음)
신앙	아브라함의 도움 받음(불신앙)	타인을 도움. 기도, 제사장적인 삶(벧전 2:9)
동역자	소금 기둥이 되었음	사라(열국의 어미)
최후	근친상간	웃음(100세 아들, 이삭) 21:5-7
열매	신앙적 영향력 없음 (사위감도 농담으로 여김)	롯 구출, 중보기도, 손님대접...

2 롯을 위한 아브라함의 기도는 겸손하면서도 하나님의 성품에 호소하는 간절한 기도였습니다. 당신의 기도 모습은 어떠합니까?

삶의 자리 +

당신의 인생에서 가장 소중한 분(친구)에게 감사의 마음을 전하는 편지쓰기 혹은 연락하기

말씀의 자리 +

정말 의인 10명이 없어서 멸망했을까요?

롯을 구하기 위한 아브라함의 기도는 한마디로 확신과 겸손 그리고 롯에 대한 간절한 사랑이 배어 있는 기도였습니다. 그의 기도에는 하나님의 공의와 사랑의 성품에 호소함으로 하나님의 긍휼을 구하고자 하는 믿음과 지혜도 돋보입니다. 그는 먼저 소돔과 고모라에 의인 50명이 있으면 멸하지 않으실지를 묻습니다. 이렇게 하나님의 은혜를 구하는 기도는 의인 50명에서 45명으로 그리고 45명에서 30명, 20명 그리고 10명까지 내려갔습니다. 그런데 문제는 10명보다 더 적은 수의 의인이 있었으면 어떻게 되었을까 하는 것입니다. 물론 당시의 사회적 제도로 볼 때, 사회의 최소 구성 단위가 10명이었기 때문에 10명까지를 경계선으로 삼았다고 말할 수도 있습니다. 그러나 본문이 강조하고 있는 것은 사람의 수가 아니라, 당시 소돔과 고모라에는 의인이 한 사람도 없었다는 사실입니다. 이를 통해 의인 한 사람이 얼마나 중요한지를 확인하게 됩니다. 우리가 하나님 앞에서 이 시대의 의인으로 살아갈 때, 그것은 우리 자신에게도 그리고 세상에게도 큰 은혜가 됩니다.

11
아브라함의 경외하는 신앙

창세기 21:1-23:20, 25:1-10(22:12)

"사자가 이르시되 그 아이에게 네 손을 대지 말라 그에게 아무 일도 하지 말라 네가 네 아들 네 독자까지도 내게 아끼지 아니하였으니 내가 이제야 네가 하나님을 경외하는 줄을 아노라"

시작하는 이야기

선물에만 만족하고 선물 주시는 이의 귀중함을 모른다면 그 사람은 어리석은 사람입니다. 하나님은 중요한 순간에 그의 신앙이 무엇에 근거하고 있는지 그의 믿음을 시험하십니다. 하나님은 우리가 구원 얻는 신앙에서 멈춰버리기를 원치 않으시고 계속 자라가기를 원하십니다. 드디어 아브라함의 가정에 하나님이 약속하셨던 아들 이삭이 태어납니다. 더불어 아브라함은 이스마엘 문제와 아비멜렉과의 관계 문제를 해결해주시는 하나님을 만남으로 살아계시는 하나님을 체험하게 됩니다(21장). 시간이 흘러 하나님께서는 아브라함을 믿음의 조상으로 키우시고자 그의 믿음과 사랑을 시험하시고, 아브라함은 100% 믿음의 순종을 하여 하나님으로부터 그 믿음을 인정받습니다(22장). 오늘 말씀을 공부하면서 매 순간 우리가 의지해야 할 대상이 누구인지 깨닫고, 하나님이 우리에게 기대하시는 신앙이 무엇인지 배우는 시간이 되기를 바랍니다.

말씀의 자리

1 하나님이 말씀하신 대로 드디어 사라가 아들을 낳았습니다(21:1-2). 그 때 아브라함의 나이는 백 세였습니다(5). 아브라함은 아들에게 무엇을 행했습니까(3-4)? 아들을 얻은 사라의 소감은 무엇이었으며(6-7), 이 기쁨이 얼마나 컸을까요(8)?

* 난지 팔일 만에 할례를 행함: 하나님의 말씀에 구체적으로 순종(17:12, 19) - 아브라함 공동체 상속자 탄생 확인.

* 감사의 시 "하나님이 나로 웃게 하시니 듣는 자가 다 나와 함께 웃으리로다" - 생명의 주관자 하나님에 대한 놀라움과 기쁨의 신앙고백 포함. 아브라함 언약의 성취를 향해 인도하시는 하나님도 함께 웃으심.

* 큰 잔치, 늙은이가 돌잔치를 하게 됨에 기쁨, 하나님의 신실함에 대한 기쁨.

2 아브라함의 가정은 어떤 문제로 근심에 빠지게 됩니까(9-11)? 하나님께서는 어떻게 해결의 길을 가르쳐 주십니까(12-13)?

*첩의 자식도 아비가 친권을 인정하면 상속권이 주어짐.

* 하갈의 아들 이스마엘이 이삭을 놀림('박해' 갈 4:29). - 사라가 이것을 보고 이 여종과 그 아들을 내어 쫓으라고 요구.

* 사라의 말한 대로 하갈과 이스마엘을 내어 쫓으라고 하심. 이삭에게서 나는 자가 아브라함의 씨가(믿음의 자손) 될 것이라고 말씀. 하갈과 이스마엘도 큰 민족을 이루게 될 것임을 약속(아브라함 언약의 부분적 적용).

3 아브라함은 하나님의 지시에 어떻게 순종합니까(14)? 그때 아브라함의 심정을 생각해 보세요. 하나님께서는 하갈과 이스마엘을 어떻게 도우십니까(15-21)? 이스마엘을 내보낸 아브라함의 신앙 결단에서 배울 점을 말해보세요.

* 지체하지 않고 그대로 순종함. 완전하게 순종함.

* 심정: 이스마엘의 장래가 염려됨, 가슴 아픔....등.

* 하나님이 그 아이의 소리를 들으심. 하갈에게 "두려워 말라" "큰 민족을 이루리라"하는 위로의 말씀을 주심. 하갈의 눈을 밝혀 샘물을 보게 함.

– 아브라함 언약의 상속자가 될 수는 없지만 은혜(언약)를 베푸시는 하나님.

* 자식을 사랑하지만 하나님을 의지(이스마엘을 돌보시는 창조주)하여 결단함(이스마엘이 아브라함 언약의 상속자로 부적격임을 전적수용 → 인간적 아픔과 어려움 중에서도 올바른 결정).

4 아브라함과 불가침조약을 맺기 위해 찾아온 아비멜렉의 말을 통해 볼 때 아브라함의 신앙생활이 어떠했던 것 같습니까(21:22-23)? 불가침 조약 체결(24-27)과 우물 소유권을 확정한 후에(28-31), 아브라함은 하나님이 어떤 분이심을 새롭게 깨닫습니까(33)?

* 브엘세바(31): 일곱 우물, 맹세의 우물

* 전에는 아비멜렉에게 꾸짖음을 받았지만 이제는 아비멜렉이 찾아와서 불가침 조약을 체결할(축복의 통로로서 역할) 만큼 영향력 있는 성숙한 신앙을 가짐(하나님이 함께 하심을 구두로 공증 받음).

* 공도와 정의를 세움(우물 빼앗은 일 책망과 평화언약 체결 25-27, 우물 사용권 공증 30).

* 영생하시는 하나님의 이름을 부름 - 약속대로 생명을 지켜주시고 상속자(이삭)를 낳게 하신 하나님은 영원히 살아계시는 분이시라는 고백 (33-34)

5 하나님께서는 아브라함에게 언제, 어떤 시험을 하십니까(22:1-2)? 하나님의 말씀에 아브라함은 어떻게 반응합니까(3, 시 119:60)? 삼일에 걸쳐 하나님께서 지시하시는 곳에 가는 동안 아브라함의 마음이 어땠을까요?

* 시험(1): 흔들어 넘어뜨리려는 유혹(temptation)이 아니라 성장시키고자 하는 점검(test)과 같은 것이다.

* '그 일 후에' 즉, '영생하시는 하나님'을 신앙고백 한 후에.

– 아브라함의 성숙한 신앙을 본 후 그의 믿음을 테스트하시기 위해.
(생명의 주관자 하나님에 대한 믿음이 실재가 되도록)

* 네 독자 이삭을 번제로 드리라! '네가 사랑하는!'

– (하나님을 사랑하는지, 하나님이 주신 선물(아들)을 더 사랑하는지 시험하심)
– 내게 가장 소중할수록 하나님께 맡기는 것이 지혜이다.

* 신속하고 즉각적으로 순종.

* 이해하기 힘든 요구에 혼란스럽고 당황스러우며, 고통스러웠을 것임.
(하나님과 그분의 약속에 대한 깊은 묵상의 시간이 되었을 것임)

6 목적지에 도착해서 아브라함은 사환, 이삭과 어떤 대화를 합니까(5-8)? 아브라함은 이삭을 번제로 드리려고 어떻게 합니까(9-10)? 그때 무슨 일이 일어났습니까(11-12)? 하나님께서는 아브라함이 어떤 신앙을 가졌다고 인정해 주십니까?

* 번제(Burnt Sacrifice)(3): 짐승을 잡아 죽인 후 각을 떠서 불에 태워 하나님께 드리는 화제이다.

* 종들이 따라와 만류하지 못하도록 아래에 머물러 있도록 함. (하나님께 맡기는 믿음-5)

* 이삭에겐 여호와께서 예비하시고 무슨 뜻이 있을 것을 설득함(7-8).

* 주저함 없이 이삭을 결박하여 단 나무 위에 놓고 칼을 잡고 아들을 잡으려 함.

* 여호와의 사자가 나타나 막음(좀 급했는지 아브라함의 이름을 두 번 부름).

* 하나님을 경외하는 신앙을 인정(행위에 의해 생명의 주관자 하나님에 대한 믿음이 증명됨-12).

- 아브라함은 목숨처럼 소중했던 이삭보다도 그 목숨을 주시는 하나님을 더 소중히 여김.

- 맹목적인 순종이 아닌, 하나님의 약속(이삭의 후손)에 근거한 확신임. 즉, 하나님의 약속이 성취되려면 이삭은 살아있어야 하며, 자식을 낳아야 하니, 오늘 죽이더라도 하나님이 다시 살리실 것이라는 확신을 갖게 됨(5). 결국 아브라함의 믿음은 '말씀(약속)'에 근거한 믿음임. 부활신앙(생명의 하나님, 요 11:25).

7 아브라함은 이삭 대신에 무엇을 번제로 드립니까(13)? 여기서 아브라함은 무슨 신앙의 비밀을 깨달았습니까(14)? 시험에 합격한 아브라함의 믿음은 어떤 믿음입니까(22:6-8, 히 11:17-19)?

* 수양: 대신 제물이 되신 그리스도의 예표.
* 여호와이레: 여호와께서 돌보심, 여호와께서 준비하심.
* 하나님을 경외(생명을 주관하는 존재에 대한 반응)하는 믿음: 부활신앙

8 하나님께서 마지막 시험에 합격한 아브라함에게 주신 복된 약속이 무엇입니까(17-18)? 특히 여기서 '네 씨'는 누구를 가리킵니까(갈 3:16)? 하나님이 주시는 복이란 무엇입니까(엡 1:3)?

* 후손을 번성케 하심, 네 씨로 천하 만민이 복을 얻음.
* 그리스도. 예수 그리스도로 인한 구원(만물의 회복 행 3:21).
  (엡 1:3) "찬송하리로다 하나님 곧 우리 주 예수 그리스도의 아버지께서 그리스도 안에서 하늘에 속한 모든 신령한 복(새롭게 회복된 우주적 예배공동체가 누리는 복)을 우리에게 주시되"
* 아브라함이 받은 복의 핵심은 예수님(여자의 후손, 메시야, 아브라함 언약을 완전히 달성하는 후손)의 직계 조상이 된다는 것(마 1:1)

9 23장은 사라가 127세에 죽어 헷 족속에게서 그녀의 매장지를 구하는 장면입니다. 3-20절을 자세히 읽어보세요. ①헷 족속에게 끼친 아브라함의 영향력(5-6, 11, 15), ②그들에 대한 태도(4, 7, 12), ③값을 주고 매장지를 산 아브라함의 먼 미래를 내다보는 신앙에 대하여 말해보세요(9, 13, 16-20).

① 지도자로서 존경을 받음, 하나님의 사람으로 인정받음(불신자 속에서도 섬기며 덕을 끼침- 축복의 통로로서).

② 나그네 심정, 자신을 낮추는 겸손한 태도(무례하지 않음: 기본적으로 인간은 하나님의 영상, 정시기)

③ 정식매매 절차를 거쳐 약속의 땅 일부를 합법적으로 소유함(사용권 공증)으로 그곳을 자손들의 땅으로 확보. 그 땅을 자신과 자신의 후손에게 하나님께서 확실히 주실 것(사용권 - 그 땅에 하나님의 공도와 정의 실현을 위해 - 소유권은 하나님 전용)을 믿음.

10 아브라함은 향년 몇 세입니까(25:7)? 아브라함과 그 후손들이 어디에 묻히게 됩니까(25:7-11, 49:31, 50:13)?

* 175세(부르심 받고 100년을 더 삼. 부르심에는 늦은 때가 없음)
* 가나안 땅 마므레(헤브론) 앞 막벨라밭 굴(가나안은 믿는 자 - 아브라함 언약에 동참하는 - 에게 기업으로 주시는 하나님 나라 - 우주적 예배 공동체 - 를 상징)

삶의 자리

1 당신은 하나님의 때, 하나님의 자녀(이삭)를 기다리지 못하고 이스마엘로 만족하려는 조급한 마음은 없습니까? 인내의 신앙을 갖기 위해서 필요한 것은 무엇일까요?

* 하나님을 전적으로 신뢰(경외)하고 하나님의 때를 기다릴 줄 아는 마음.

2 하나님은 아브라함이 칭의의 신앙(15:6)에서 멈추지 않고 경외의 신앙(22:12)까지 자라가길 원하셨습니다. 그리스도인은 믿음으로 구원 얻는 것에만 만족할 것이 아니라 하나님을 온전히 주인으로 모시고 섬기는 신앙까지 자라가야 합니다. 경외하는 신앙까지 자라가기 위해서 당신에게 필요한 것은 무엇이라 생각합니까?

* 하나님을 절대시 하고 나머지는 상대시 할 줄 아는 마음.
* 더욱 자기를 부인하면서 말씀에 온전히 순종하는 것.

삶의 자리 +

하나님보다 더 소중히 여기는 것을 하나님께 드리기

말씀의 자리 +

모리아 산

브엘세바에서 삼일 길인 이 산은 아브라함 시대 이후 다윗과 솔로몬 그리고 온 이스라엘 백성들의 주 예배 처소로 여겨져 왔습니다. 이 산 위에는 예루살렘 성전이 건축되었으며, 백성들의 신앙의 중심부로 이어져 내려왔습니다. 이 산은 아브라함이 하나님의 믿음의 시험을 이기고 합격한 승리의 산이라는 점에서 의미가 있지만, 하나님께서 독생자 예수 그리스도를 화목제물로 삼으셔서 이루실 구원 역사의 계시적인 뜻을 보이셨다는 점에 더 큰 의미가 있습니다.

하나님의 시험과 사탄의 유혹

아브라함을 향한 하나님의 시험은 아브라함을 한 단계 성숙한 믿음의 조상으로 이끄는 데 필수적인 과정이었습니다. 다시 말하면 이는 '이삭의 아비'로 인생을 끝내느냐 아니면 하나님의 사람으로 온 인류의 '믿음의 조상'이 되느냐를 결정짓는 중요한 과정이었습니다. 반면, 사탄의 유혹은 어떻게 해서든지 아브라함이 아닌 아브람으로, 아브람에서 이삭의 아비로, 축소된 인생을 살도록 유도합니다. 사탄은 할 수 있는 대로 아브라함의 결단의 아픔을 덜어주려고 노력하면서 아브라함의 형편을 크게 이해해 주는 척합니다. 이처럼 하나님의 시험과 사탄의 유혹은 차이가 분명합니다. 하나님의 시험은 아픔을 수반하지만 사탄의 유혹은 달콤합니다. 사탄의 유혹은 할 수 있는 대로 고난(십자가) 없는 생활로 안내하며 자신의 형편을 돌아보도록 합니다. 그러나 아브라함은 침묵의 결단을 합니다. 그리고 모리아 산의 고통을 택합니다. 그는 하나님의 승리는 좁은 문 저쪽에 있다는 사실을 알았습니다. 결국 이삭이 아닌 하나님과 그의 말씀을 선택한 아브라함은 이삭도 얻고 하나님도 얻었습니다.

12
이삭의 결혼을 도우시는 하나님

창세기 24:1-67(60)

"리브가에게 축복하여 이르되 우리 누이여
너는 천만인의 어머니가 될지어다
네 씨로 그 원수의 성 문을 얻게 할지어다"

시작하는 이야기

청년 시절은 준비하는 시기입니다. 사회 구성원으로서 맡겨진바 주어진 일들을 어떻게 감당해야 하는지 일하는 자세를 배워야 하며, 자신을 가꾸고 관리하며 결혼을 준비해야 하는 시기입니다. 본문은 아브라함이 아들 이삭의 아내를 구하는 장면입니다. 아브라함은 노년이었지만 그 믿음이 연약하여지지 않고, 고향에서 며느릿감을 구합니다. 이 과정에서 아브라함의 충성스러운 종이 큰 역할을 하게 됩니다. 우리는 그에게서 맡은 바 임무를 어떤 자세로 감당해야 하는지 배워야 합니다. 또한 이삭의 아내로 결정되는 과정에서 보인 리브가의 모습 속에서 우리가 어떤 신앙의 각오를 가져야 되는지 배워야 하겠습니다. 이삭의 결혼을 도우시는 하나님의 모습을 보면서 일하는 자세와 결혼관을 배우는 시간이 되기를 바랍니다.

말씀의 자리

1 아브라함의 노년은 어떠했으며(1), 그의 종에게 누구를 가리켜 맹세하게 하고 무슨 명령을 내립니까(2-4, 신 7:3-4, 고후 6:14-16)?

* 허벅지 밑(2): 성경에서는 남자의 생식 기관이나 생식력과 관련되어 사용한다. 고대 히브리 사회에는 중요한 언약을 맺을 때 자손 대대로 지키겠다는 보증의 의미로 손을 넣고 맹세하는 풍습이 있었다.

*내 고향 내 족속 - 하란지역. 완전하지는 않았지만 여호와에 대한 지식이 있었음.

* 나이 많아 늙었고 여호와께서 그의 범사에 복을 주심(1).
* 하늘의 하나님, 땅의 하나님이신 여호와를 가리켜 맹세하게 함.
(명령) 이 지방 가나안 족속의 딸 중에서 말고 내 고향 내 족속에게로 가서 내 아들 이삭을 위하여 아내를 택하라(건강한 예배공동체 계승을 위해).

2 종의 질문에 대한 아브라함의 답변 속에서 그의 신앙의 성숙도가 어떠함을 알 수 있습니까(5-9)?

* 종의 질문: "여자가 좇아오고자 아니할 때는 어떻게 해야 합니까?"
* 아브라함의 답변: 하나님께서 사자를 앞서 보내시리라고 권면함("그가 그 사자를 너보다 앞서 보내실지라").

-> 아브라함은 '아브라함 언약' 집행의 과정에서 이삭의 배우자를 예비하실 하나님을 믿음.
-> 아브라함의 이런 믿음은 자기를 인도하신 하나님을 믿는 믿음이었음. 즉, 체험을 통해 살아계신 하나님의 능력과 약속을 믿음.

3 아브라함의 대답을 들은 종은 어떻게 순종합니까(9-11)? 나홀의 성에 도착한 아브라함의 종은 무엇으로 일을 시작합니까(12-14)?

* 메소포타미아(10): 티그리스강과 유프라테스강 사이의 고원지대로 비옥한 땅이다.

* 맹세하고 약대 중 열 필을 취하고 떠났는데 곧 그 주인의 모든 좋은 것을 가지고 떠나 메소보다미아로 가서 나홀의 성에 이름.

* 하나님께 기도함.
- 목적지에 도착하여 쉼을 취한 것이 아니라 곧바로 사명을 감당하고자 함. 진정한 종의 자세.
  - (비록 아브라함의 씨는 아니었지만 아브라함 언약에 동의하는 아브라함 공동체의 일원으로서 아브라함 언약 성취에 깊이 참여하는 복을 누림)

4 그의 기도 응답이 어떻게 이루어집니까(15-20)? 그는 이 과정을 어떻게 보았습니까(21, 27)?

* 아브라함의 동생 나홀의 아내 밀가의 아들 브두엘의 소생인 리브가가 그의 기도대로 행함.
- 구체적으로 기도할 때 하나님께서 세밀하게 응답.
- 기도의 내용: 종이 음료를 부탁했을 때 낙타까지 자발적으로 챙겨주는 여성

* 여호와께서 평탄한 길을 주신 여부를 알고자 했는데(이삭의 아내로서의 자질 기대) 사랑과 성실의 하나님의 인도를 목도함.

5 33-49절은 하나님께서 이루신 역사에 대한 아브라함의 종의 진술입니다. 아브라함의 며느리를 구하는 과정에서 자신에게 주어진 사명에 대한 아브라함의 종의 자세는 어떠합니까(33, 49, 54, 56)?

* 사명에 대한 종의 자세
-> 33절 식사(배고픔)보다 사명을 앞세움. - 사명을 완수하기 전에는 차려 놓은 음식도 먹지 않겠다.
-> 49절 맡은바 임무를 완수하고자 함. - 가부간에 대답해 달라.
-> 54, 56절 부지런함. 충성: 10일이라도 쉬었다 가라는 만류를 뿌리침. 모든 일이 순조롭게 풀렸기 때문에 피곤한 몸도 풀고 관광도 한 후 돌아갈 수 있으나, 기다릴 주인을 생각하여 하루라도 빨리 돌아가고자 함.

아브라함에 대한 충성으로 '아브라함 언약의 성취'에 참여하는 자가 됨.

질문) 당신은 일을 감당할 때 어떤 자세로 하나요?

6 리브가는 낭시 사회적 분위기와는 다른 여성이었습니다. 그녀의 모습이 어떻게 소개되고 있습니까(16-19)?

* "그 소녀는 보기에 심히 아리땁고 지금까지 남자가 가까이 하지 아니한 처녀더라 그가 우물에 내려가서 물을 그 물동이에 채워가지고 올라오는지라" (근면, 성실)
- 서둘러 종과 약대들을 위해 물을 배불리 대접하였다.

7 리브가의 성숙한 내면성이 사람과 동물에게 어떻게 나타납니까(20, 25)?

* 급히 물을 붓고 다시 길으려고 우물에 달려가 모든 약대를 위해 길음. 짚, 보리, 유숙할 곳을 제공하고자 함.
* 나그네를 대접하는 사랑. 약대는 큰 짐승으로서 많은 물을 먹음(한번에 45L 정도를 먹음). 또한 사막지대의 우물은 깊었기 때문에 물을 한 번 긷는 것 조차 힘든 일이었음. 따라서 열 필의 약대에 물을 먹이는 것은 아주 힘든 일임.

– 하나님께서 이삭의 아내로서 리브가를 잘 준비하심을 보여줌.

8 갑작스러운 제안 앞에서 그의 가족은 어떻게 반응합니까(50–51)? 리브가의 가정 분위기가 어떠합니까(57, 60)?

* 우리는 가부를 말할 수 없노라(50): 자신들은 결정할 수 없다는 말이 아니라, 하나님의 인도하심이 너무도 분명하기 때문에 거부할 수 없다는 뜻이다.

* 신앙가정의 모습: 하나님의 인도하심에 대한 순종.
  - 하나님의 뜻 앞에는 두말없이 순복하는 믿음의 가정.
  - "소녀를 불러 그에게 물으리라"– 자녀의 의사와 선택 존중함(인격적인 가정).
  - 리브가에게 축복 –> 천만인의 어머니(하나님 약속의 성취)

9 아브라함의 종의 설명을 들은 리브가는 어떤 믿음을 보입니까(58)? 성경에서는 어떤 여성을 칭찬합니까(잠 31:30, 벧전 3:1-6).

*아직 이삭을 만나 보지 못하였지만 하나님의 인도하심이 있음을 듣고 결단함.

* "가겠나이다"(믿음의 결단): 결혼까지도 믿음으로 결단.
- 하나님의 섭리적 설득을 수용한 리브가는 아브라함 언약 공동체의 일원이 되기로 수용함.

10 이삭과 결혼 후 리브가의 남편 내조(67)와 기도 생활이 어떠합니까(25:22)?

사라의 장막으로 들이고 - 아브라함 언약의 체결자의 아내 사라의 자리를 승계하는 자리로 감.

* 남편 내조(67): 이삭이 모친 장례한 후에 위로를 얻음 -> 돕는 베필로서 위로.
* 태중의 아이들이 싸울 때: 내가 어찌할꼬 하고 가서 여호와께 묻자온대 -> 문제 직면시 기도 (아브라함 공동체는 예배공동체로서 하나님과의 관계가 가장 우선 - 하나님이 관여하시는 공동체)

질문) 결혼 이후 믿음의 가정을 이뤄가기 위해 꼭 해야 할 것은 무엇일까요?

삶의 자리

1 사명을 다하는 아브라함의 종의 자세와 비교해 볼 때, 당신은 평소 맡겨진 일들을 어떤 자세로 감당하고 있습니까?

2 장차 하나님이 축복하시는 믿음의 가정을 이루기 위해, 현재 나의 모습 속에서 변화되어야 할 점은 무엇입니까?

삶의 자리 +

가까운 사람들(가족, 친구, 선후배 등)에게 자신의 장단점에 대해 물어보기

말씀의 자리 +

낙타 (창 24:10)

낙타는 중동지방에서 물건이나 사람을 수송하는 수단으로 사용되는데 인내심이 강하고, 먹지 않고서도 수일간 여행할 수 있습니다. 270~360kg의 짐을 실을 경우, 낙타는 시속 4km의 속도로 30시간을 걸을 수 있습니다. 또한 짐을 싣지 않을 때는 16km의 속도로 18시간 이상 질주할 수 있습니다. 그래서 낙타는 중동지방에 없어서는 안 될 운송 수단입니다.

이삭을 배우자로 선택하는 리브가의 결단을 어떻게 보아야 할까?

"네가 이 사람과 함께 가려느냐 그가 대답하되 가겠나이다"(58). 이 구절만 보면 이삭과 리브가의 결혼에 있어 리브가의 결단이 결정적인 계기가 된 것 같은 느낌을 받습니다. 결혼에 있어 자칫 주변의 어떤 것보다도 자신의 결정이 가장 중요한 것처럼 보입니다. 그런데 정말 그럴까요? 본문의 배경을 자세히 보면 리브가의 결단은 이미 앞서 이루어진 가족들의 결단(24:50-51)과 연관이 있다는 것을 알 수 있습니다. 다시 말하면 하나님의 인도하심에 대한 부모와 가족들의 동의가 함께 이루어졌다는 것입니다. 이 가운데 리브가는 자신의 판단에 결정적인 확신을 갖게 됩니다. 그러니까 리브가는 가족의 의견과 관계없이 이삭을 선택했다기보다는 가족들과 함께 이 문제를 공유한 가운데 결단을 내렸던 것입니다. 성경에서는 어느 한 개인을 이야기 할 때 대부분 '누구의 아들'이라고 해서 그 아비의 이름을 동시에 소개합니다. 이는 하나님께서 자녀를 그 부모에게 맡겨 양육하도록 하셨음에 대한 증거라고 볼 수 있습니다. 따라서 자녀들의 모든 문제는 자신의 것일 뿐 아니라 부모와 가족의 문제가 됩니다. 이를 통해 볼 때 리브가의 선택은 가족의 선택이었고 또한 하나님의 선택이었습니다.

13
온유한 사람 이삭

창세기 26:1-35(22)

"이삭이 거기서 옮겨 다른 우물을 팠더니
그들이 다투지 아니하였으므로 그 이름을 르호봇이라 하여 이르되
이제는 여호와께서 우리를 위하여 넓게 하셨으니
이 땅에서 우리가 번성하리로다 하였더라"

시작하는 이야기

성숙한 신앙인은 성숙한 성품을 갖고 있습니다. '온유'는 하나님 자녀의 대표적인 성품이라 할 수 있습니다. 하지만 모든 성도들이 온유한 성품을 소유하고 있지는 않습니다. 온유한 성품을 소유하기 위해서는 그리스도에 대해 잘 배우고 그리스도를 닮아가고자 하는 노력이 필요합니다. 오늘 본문에 등장하는 이삭은 온유한 사람의 대표자라고 할 수 있습니다. 이삭은 조용한 사람이라는 이미지를 가지고 있습니다. 그래서 겉으로 볼 때는 연약하여 계속 당하기만 하는 것처럼 보입니다. 그러나 그는 승리자의 큰 비밀을 가지고 있었습니다. 다투기보다는 양보를, 재물보다는 사람을 택하는 큰 지혜를 가지고 있었습니다. 이번 공부를 통해 온유한 성품을 가질 수 있는 비결을 깨달을 수 있기를 바랍니다.

말씀의 자리

1 이삭은 어떤 사람으로 소개되고 있습니까(24:63, 25:19-21, 28)?

* 수동적인 성격이나, 하나님과의 교제에 깊은 관심을 가지고 있었음 (24:63).
 - 묵상하는 자(시 119:148) - 묵상은 자기를 하나님 앞에서 성찰하는 좋은 습관.

* 25:19-21: 아브라함과 사라의 아들, 리브가의 남편(40세 결혼).
 아내의 잉태를 위하여 기도(21)
 에서(사냥, 고기)를 편애(28). 미식가.

2 이삭이 부딪힌 문제는 무엇이었으며, 이삭은 이를 어떤 방법으로 해결하려고 합니까(26:1)?

*블레셋(1): '이주자'라는 뜻으로 함의 후손이다. 주로 해양 여러 섬에서 살다가 이주해 온 자들로 이스라엘을 끈질기게 괴롭혔던 종족이다.

* 흉년이 듦(애굽으로 내려가려함 2).
* 그랄로 가서 블레셋 왕 아비멜렉에게 이름.
 그러나 하나님께서 애굽으로 내려가지 말고 지시하는 땅에 거하라 하심.
 (하나님의 음성을 들을 수 있는 상태가 중요)

질문) 경제적인 문제 앞에서 이삭은 심히 흔들리고 있습니다. 당신은 어떻습니까?

3 이러한 이삭에게 하나님께서는 무슨 명령과 약속을 주십니까(2-5)? 애굽으로 가지 않고, 그렇다고 다시 돌아가지도 않은 이삭은 결국 어디에 거하게 됩니까(6)?

*그랄(6): 곡식이 풍성한 곳이다. 지금의 '가자' 지역에서 약 15km 떨어진 곳으로 약속의 땅과 애굽의 경계 지점이라고 볼 수 있다.

* 명령: 애굽으로 내려가지 말고 내가 네게 지시하는 땅에 거하라
* 약속 ① 내가 너와 함께 있어 ② 네게 복을 주고
③ 내가 이 모든 땅을 너와 네 자손에게 주리라
④ 자손을 하늘의 별과 같이 번성하게 하리라
⑤ 네 자손으로 말미암아 천하 만민이 복을 받으리라.
(아브라함 언약의 상속자로서 무엇을 상속했는지 확인)
* 그랄에 거함(약속의 땅과 애굽의 경계 지점. 여차하면 애굽으로).
- 이삭은 하나님의 말씀에 일단 순종하여 멈췄지만 적극적으로 하나님의 말씀을 따르지도 않고 있다.

4 그랄에 거한 이삭은 왜, 무슨 거짓말을 하게 되며 결국 어떤 결과를 가져오게 됩니까(7-11)?

* 리브가로 인하여 자기가 죽을까봐, 아내를 누이라고 속임(부전자전).
- 생명의 위협에 위축되는 인간, 아직 연약한 이삭의 믿음.
- 타협의 유혹 : 하나님과의 교제가 멀어지면 범죄 하게 됨.
- 죄가 역사하는 방법(약 1:14-15) 미혹 - 굴복 - 실패
- 아브라함언약의 관점에서 보면 오히려 아비멜렉 사람들이 이삭에게 생명의 도움을 받아야 함.

* 이삭이 자기 아내를 껴안는 것을 아비멜렉이 창으로 봄.
아비멜렉에게 책망을 받음 / 책망을 받은 후 아내의 안전을 보장받음.
- 하나님 자녀로서 세상 사람들에게 비난을 받음. 수치를 받음 - 축복의 통로가 되지 못하고 피해를 끼침(10).

인간적인 방법에는 한계가 있다. 우리는 실수하고 넘어진다. 그럼에도 온전히 서기까지 도우시는 하나님의 손길이 있음을 기억하자(사 37:32).

5 하나님께서는 이삭에게 어떤 복을 주십니까(12-14)? 이로 인해 이삭은 어떤 어려움을 겪게 되며, 이 과정에서 이삭은 어떻게 반응합니까(14-22)?

* 농사하여 백배의 결실을 얻음. 창대하고 왕성하여 마침내 거부가 됨.
* 블레셋 사람들이 시기하여 우물을 막고 떠나라 함(불신자들의 시기와 공격을 받음).

- 하나님이 주신 은혜를 잘 관리해야 한다. 불신자들이 하나님의 은혜를 부러워하는 것은 바람직하나 시기 질투하는 것은 은혜를 잘 못 관리한 결과일 수 있다.

- 우물: 인근지역의 소유를 뜻함. 팔레스틴에서 목축업자에게 우물은 곧 생명이다. 우물을 양보한 것은 그의 믿음과 인격을 보여주는 사건임(1년 강수량 평균 200mm).

* 우물을 다시 팠으나 우물로 인한 다툼이 일어나 두 번이나 더 옮김.

- 수동적 축복의 통로(양보하는 - 싸우지 않는)가 되는 것 보다 적극적(우물을 파서 제공하는 - 사랑하는) 축복의 통로가 되는 것이 더 성숙한 반응.

6 그랄이야말로 이삭이 직면한 문제에 대한 해결책이 될 줄 알았지만, 오히려 그곳은 실패와 아픔의 장소였습니다. 이삭이 그랄에서의 경험을 통해 새롭게 깨달은 것은 무엇일까요?

* 세상과 하나님의 중간 지점은 없다(하나님을 배제하고 아브라함 언약을 달성할 길은 없다). 영적 중심지를 떠나지 않아야 한다.
* 하나님은 멀리 계시지 않으시며 바로 옆에 계심(동행하시는 하나님).

* 이삭의 신앙성장: 어려운 환경 속에서 실패와 더불어 소폭 성장하는 믿음(수동적 축복의 통로).

7 결국 이삭은 그랄에서 어디로 이동합니까(23)? 하나님께서는 어떤 말씀으로 이삭을 위로하십니까(24)?

* 이삭은 그랄에서 연이은 우물 사건을 통해서 하나님께서 이삭의 생명을 지키시는 분이심(우물 얻음)을 깨달아서 죽을 각오로(생명의 주관자이신 하나님께 생명을 걸고) 하나님의 인도하심에 순종함.
- 온유한 이삭에게서 오직 하나님만을 의지하는 온전한 신앙이 엿보임.
- 브엘세바는 아버지(아브라함)가 살던 곳으로 약속의 땅의 중심부(하나님과의 관계회복).

* 26:24 - 브엘세바로 돌아오자마자 그 밤에 하나님이 이삭에게 나타나심.
- (두려워하지 말라 - 생명의 주관자이신 하나님이 함께 함을 기억할 것 설득)
- (아비멜렉의 땅에 머무르는 동안에는 하나님이 음성으로 그에게 나타나셨다는 기록이 없음 - 능력으로는 나타나심)
"아브라함 언약의 하나님 - 네게 복을 주어 네 자손이 번성하게 하리라"

※ 하나님의 사람은 하나님과 바른 관계를 가질 때 하나님에 대한 충분한 계시를 받게 되고, 하나님은 그에게 분명한 약속을 보여 주신다. 하나님과의 인격적 관계의 회복과 유지가 중요하다.

8 아비멜렉이 무슨 이유로 이삭을 찾아왔으며(26-29), 이삭은 이들을 어떻게 영접합니까(30-31)?

* 여호와께서 너와 함께 계심을 분명히 보았으므로(아브라함 언약의 상속자로서 외부 공증 / 불가침 조약을 맺고자함)

- 아비멜렉은 이삭을 책망하고 쫓아낸 사람임. 가나안 땅의 왕.

(약육강식의 속성을 가진 비겁한 족속들 - 하나님은 이들까지도 구원 얻길 원하심)

* 이삭은 그들을 위해 (강자로서 위협하지 않고) 잔치를 베풂(조약을 기념하는 행사). 맹세, 평안히 보냄(축복의 통로로의 역할 / 아브라함 언약의 상속자로서 내부 실증). - 온유한 자, 성숙한 신앙의 자세

9 아비멜렉 일행을 온유함으로 대해준 이삭을 하나님은 어떻게 격려해 주십니까(32-33)? 온유한 성품은 어떤 믿음이 있어야 가능할까요(잠 25:21, 롬 12:19)?

* 우물을 얻음(생명의 하나님이 함께 하심 공증. 히 12:11-12).

* 선을 행하면 하나님이 갚아 주시리라는 믿음/ 선으로 악을 이기려는 자세

- 온유한 인격: 아비멜렉과 대항할 수 있는 힘과 그 우물의 소유권에 대한 정당성도 있었지만, 자기 힘으로 따지고 다투어 되찾아 오려 하기 보다는, 대가를 대신 받아주시고 선을 행한 자에게 상을 주시는 하나님을 믿고 맡김(롬 12:19).

삶의 자리

1 정당한 권리를 가졌음에도 불구하고 양보하는 이삭의 모습은 어리석은 것처럼 보일 수도 있습니다. 오늘날 이와 비슷한 상황에 처한다면 어떻게 하는 것이 지혜로운 대처일까요?

2 당신에게 온유한 성품이 덧입혀지기 위해서 어떤 부분의 훈련이 더 필요하다고 생각합니까?

삶의 자리 +

화가 나는 상황에서도 예수님을 생각하며 온유함으로 이겨내기

말씀의 자리 +

우물을 계속하여 양보하는 이삭의 행동은 과연 지혜로운 것일까?

이삭은 답답하리만큼 우물을 자주 빼앗깁니다. 빼앗기지 않을만한 능력과 힘이 있는데도 마치 기다렸다는 듯이 양보하고 다른 우물을 찾습니다. 당시 유일한 식수 공급원인 우물은 사람과 가축의 생명유지에 꼭 필요한 것이었습니다. 그래서 우물의 소유권은 전쟁의 원인이 되기도 하고 부의 상징이 되기도 했습니다. 그런데 이삭은 블레셋 사람들의 요구에 싸움 한 번 하지 않고 순순히 우물을 내어주고 또 다른 우물을 팝니다. 과연 이런 행동은 옳은 일일까요 아니면 바보 같은 짓일까요? 이런 식의 양보는 결국 블레셋을 더욱 악하게 만들고, 하나님의 사람이 힘없는 것 같이 비쳐서 현대인들의 사고방식으로는 도무지 이해하기 힘듭니다. 그러나 이런 반응은 이삭이 가지고 있었던 승리의 비밀을 모르고 있기 때문입니다. 이삭은 이미 그랄의 실패 속에서 기근을 근본적으로 해결할 수 있는 방법은 하나님으로부터 온다는 사실을 경험하고 공부한 상태였습니다. 그래서 그는 겉으로 볼 때는 계속하여 우물을 빼앗기는 것 같았지만 실제로는 무궁무진한 하나님의 우물을 계속하여 얻고 있었습니다. 결국 우물을 내어주는 이삭의 행동은 연약한 행동이 아니라 가장 강한 믿음의 행동이었던 것입니다.

14

벧엘에서의 신앙 체험

창세기 25:19-34, 27:1-28:22(28:16-17)

"야곱이 잠이 깨어 이르되 여호와께서 과연 여기 계시거늘
내가 알지 못하였도다 이에 두려워하여 이르되 두렵도다 이 곳이여
이것은 다름 아닌 하나님의 집이요 이는 하늘의 문이로다 하고"

시작하는 이야기

한 사람의 인생은 그가 어떤 가치관을 가지고 사느냐에 따라 절대적인 영향을 받게 됩니다. 따라서 젊은 시절에 가치관과 결혼관 등 바른 세계관을 형성하는 것이 중요합니다. 본문에는 육체적인 욕구를 중시하는 에서와 명예와 명분을 중시하는 야곱이 대조되어 나옵니다. 또한 계속되는 사건을 겪으면서 자기중심적이고 현세적인 가치관을 따르고 있던 야곱이 자신을 되돌아보고 점점 믿음의 조상으로 성장하는 모습이 나타납니다. 오늘 본문을 통해 성경적인 가치관과 영적 체험의 중요성을 배울 수 있기를 바랍니다.

말씀의 자리

1 이삭은 결혼 후 20년이 지난 후에야 자식을 얻게 됩니다(25:20-26). 태중에 있을 때 하나님이 야곱에게 두신 뜻이 무엇이며, 그는 어떻게 태어났습니까(23, 26)?

* "… 큰 자가 어린 자를 섬기리라" 야곱이 에서보다 크게 됨.
 - (야곱이 택함 받음: 아브라함 언약의 상속자, 아브라함 언약 공동체의 대표 / 야곱을 통해 민족 예배 공동체 형성의 의지 표명)

* 에서의 발꿈치를 잡고 나옴(26).
- '야곱'의 뜻: 1) 발뒤꿈치를 잡았다. 2) 속이다.

2 25:27-34절은 야곱과 에서의 가치관을 확인할 수 있는 장면입니다. 야곱이 어떻게 장자의 명분을 얻게 됩니까? 두 사람의 가치관과 결혼관(28:1-9)은 어떻게 다릅니까?

* 사냥에서 돌아와 시장한 에서에게 팥죽을 팔아 장자의 명분을 얻음.
* 야곱: 조용한 사람/ 장막에 거함/ 장자권을 소중히 여김/ 속이는 자/ 유대인과 결혼(밧단아람에서 아내를 취함) → 신앙교육(영적 가치를 알고 있는 사람 - 아브라함 언약 공동체의 핵심으로 나아감)

* 에서: 익숙한 사냥꾼/ 들에 거함/ 장자권 소홀/ 급하고 경솔한 성격, 단순/ 이방인과 결혼 → 신앙적인 모습이 전혀 보이지 않음(물질, 현실 우선주의적 가치관 - 아브라함 언약 공동체와 무관해짐).

질문) 당신이 에서의 입장이었다면?

3 야곱이 아버지를 속여 축복을 받아내는 과정을 살펴보세요(27:1-40). 이삭, 리브가, 야곱, 에서의 잘못이 각각 무엇입니까?

* 이삭의 영적 분별력이 흐려져서 "큰 자가 어린자를 섬기리라"고 하신 하나님의 말씀을 잊고 좋아하는 자식에게 좋아하는 음식을 먹고 좋아하는 말로써 축복하려함(아브라함 언약 달성에 있어서 하나님의 선택과 개입을 무시, 깨어있지 못함 - 하나님의 주도적 개입이 없으면 언약 달성 불가).

* 리브가: 이삭이 유언하려는 것을 엿듣고 염소새끼로 별미를 만들고, 에서의 옷과 염소가죽으로 야곱을 꾸며 들여보내 장자의 축복을 빼앗게 함. 인간적인 방법을 썼음(이삭을 설득할 필요, 이삭의 상태가 안타까움) .

* 야곱: 어머니의 속임수를 받아들이고 아버지를 속이고 장자의 축복을 얻음.

* 에서: 장자권을 소홀히 여김.

4 아버지 이삭으로부터 축복받기는 했지만, 결국 야곱은 어떻게 되었습니까(27:41-46, 28:5)?

* 결과: 형제가 원수가 됨. 형으로부터 피신하여 밧단아람으로 가서 21년을 헤어져 살게 됨.

* 야곱은 집안의 돈과 욕심에 둔 것이 아니라, 집안 대대로 내려오는 장자에 대한 하나님의 약속을 사모한 것임. 그것의 의미를(아브라함 언약의 상속) 구체적으로는 몰랐지만 그러나 이것을 얻기 위해서 목숨을 겲.
성품적인 면에서는 아직도 많이 부족하지만 하나님의 약속에 대한 집착을 보인다는 점이 그래도 훌륭함.

5 형을 피해 밧단아람으로 가던 중에 야곱이 어떤 꿈을 꾸게 되었으며, 그가 하나님께 받은 약속과 복은 무엇입니까(11-15)?

* 밧단아람(25:20, 28:2): 하란 근처에 있는 북쪽 메소포타미아 지역

* 야곱은 아버지 이삭(브엘세바)를 떠나 외삼촌 라반의 집이 있는 하란의 밧단아람으로 향하던 중 벧엘에서 하나님을 만나게 된다(28:10 이하). 브엘세바에서 벧엘까지의 거리는 약 96km 정도 되고, 벧엘에서 하란 근처의 밧단아람까지는 도보로 한 달 이상 걸리는 거리이다.

* 사닥다리가 땅위에 섰는데 그 꼭대기가 하늘에 닿았고 하나님의 사자가 오르락 내리락하는 꿈을 꾸게 됨(야곱을 찾아오신 하나님).

* 약속과 복

① 네가 누워있는 땅을 내가 너와 네 자손에게 주리니(땅)

② 네 자손이 땅의 티끌같이 되어서 네가 서쪽과 동쪽과 북쪽과 남쪽으로 퍼져나갈지며(자손)

③ 땅의 모든 족속이 너와 네 자손으로 말미암아 복을 받으리라(복의 근원)

④ 내가 너와 함께 있어 네가 어디로 가든지 너를 지키며(동행)

⑤ 너를 이끌어 이 땅으로 돌아오게 할지라(회복)

⑥ 내가 네게 허락한 것을 다 이루기까지 너를 떠나지 아니하리라

: ①~③ 아브라함 언약 상속 확인

- 주님을 항상 어느 곳에서나 우리를 주목하고 계시며 만나고자 하신다!

6 꿈에서 깨어난 야곱이 깨달은 바가 무엇이며, 야곱은 하나님과 만난 사실을 어떻게 기념합니까(16-19)? 또한 야곱은 하나님께 어떤 서원을 합니까(20-22)?

* 하나님께서 여기 계시다.

나와 함께 하시는 하나님에 대한 인식. 두려움, 경외감, 자신의 죄를 하나님이 알고계심을 깨달음.

* 베개하던 돌을 기둥으로 세우고 기름을 붓고 벧엘(하나님의 집)이라 이름 지음.

* 조건(하나님께 요구한 것)

① 하나님의 동행(하나님이 나와 함께 계셔서)

② 하나님의 보호(나를 지키시고)

③ 의식의 공급(먹을 양식과 입을 옷을 주시어)

④ 가나안으로의 안전한 귀환(평안히 아버지 집으로 돌아가게 하시오면)

(주로 현재의 자기 어려운 사정 해결과 깊이 관련된 조건: 야곱은 지금 혈혈단신 도망자, 자기 생명을 지키는 것이 급함)

* 서원

① 여호와께서 나의 하나님이 되실 것이요(여호와신앙) vs 하나님이 먼저 야곱을 선택

② 이 돌이 하나님의 집이 될 것이요(하나님의 전 건축) vs 만물이 하나님의 발등상

③ 십분의 일을 드리리이다(십일조) vs 창조주 하나님께 보태드릴 것은 없다

→ 조건부 서원으로 신앙 수준이 낮음. 그러나 이것을 이루시리라는 믿음이 있음(신앙의 출발).

질문) 하나님께 서원을 드린 경험이 있나요?

7 벧엘은 야곱의 인생에서 어떤 중요한 의미가 있습니까(31:13, 35:6-7, 48:3)?

* 루스(48:3): 야곱이 '벧엘' 이라고 칭하기 전에 이미 있던 지명(28:19)

* 벧엘의 결단과 서원이 야곱 신앙의 뿌리가 됨. 하나님과 야곱은 벧엘 서원을 통해 계약을 맺음. 하나님은 야곱의 일생동안 계약조건을 이행하고 그는 이것을 체험함.

삶의 자리

1 히브리서 12:16절은 죽 한 그릇에 장자의 명분을 팔아버린 에서를 망령된 자로 표현합니다. 당신은 당장의 물질적 이익과 배부름을 위해 하나님이 주신 영적인 복과 은혜를 소홀히 여기지는 않습니까(롬 1:23, 빌 3:7-9, 엡 1:18-19)?

(롬 1:23) "썩어지지 아니하는 하나님의 영광을 썩어질 사람과 새와 짐승과 기어다니는 동물 모양의 우상으로 바꾸었느니라"

(빌 3:7-9) "그러나 무엇이든지 내게 유익하던 것을 내가 그리스도를 위하여 다 해로 여길뿐더러 또한 모든 것을 해로 여김은 내 주 그리스도 예수를 아는 지식이 가장 고상하기 때문이라 내가 그를 위하여 모든 것을 잃어버리고 배설물로 여김은 그리스도를 얻고 그 안에서 발견되려 함이니 내가 가진 의는 율법에서 난 것이 아니요 오직 그리스도를 믿음으로 말미암은 것이니 곧 믿음으로 하나님께로부터 난 의라"

2 당신이 하나님을 인격적으로 만나고 체험한 벧엘은 어디입니까? 야곱에게 복 주신(28:13-15) 하나님께서 당신에게 주신 약속과 복은 무엇입니까(마 28:20, 엡 3:6, 약 1:12, 2:5, 요일 2:25)?

(엡 3:6) "이는 이방인들이 복음으로 말미암아 그리스도 예수 안에서 함께 상속자가 되고 함께 지체가 되고 함께 약속에 참여하는 자가 됨이라"

삶의 자리 +

나를 만나 주신 하나님의 은혜와 사랑 앞에서 한 가지 새롭게 결단하기

말씀의 자리 +

과연 장자의 명분을 사고팔거나 축복을 빼앗을 수도 있는 것일까?

고대 사회에서 장자의 명분은 아버지의 권위 계승뿐 아니라 재산 상속에 있어 다른 형제들보다 두 배의 권리를 갖는 특별한 것이었습니다. 특히 장자의 명분에는 가정에서 아버지를 대리하는 제사장적 위치에 설 수 있는 특권도 포함되어 있었습니다. 그러나 이 장자권은 다른 형제에게 양도가 가능했으며 아버지의 뜻에 따라 그 권한이 정지될 수도 있었다고 합니다.

야곱의 꿈을 어떻게 받아들여야 할까?

야곱은 에서로부터 도피하는 길에 꿈을 꾸게 됩니다. 사닥다리가 땅에서부터 하늘에 닿았고, 하나님의 사자가 오르락내리락하며 그 가운데 하나님의 말씀과 약속이 있는 꿈이었습니다. 이를 소위 '사닥다리 환상'이라고 합니다. 이는 장차 그리스도를 통해 이루실 구원역사를 계시적으로 보이신 것입니다. 그러나 야곱 개인적인 면에서 본다면 하나님께서는 이 꿈을 기초로 야곱의 인생 속으로 들어오셨습니다. 그러면 이 꿈을 어떻게 보아야 할까요? 꿈을 통한 환상은 지금도 계속되고 있을까요? 아직 성경이 완성되지 않았을 때는 하나님께서 꿈을 통한 자기 계시를 얼마든지 사용하셨습니다(20:3, 28:12, 31:11-13). 물론 지금도 하나님께서는 꿈을 통해 말씀하실 수 있습니다. 그러나 지금은 성경이 완성된 시대입니다. 하나님께서는 이제 완성된 성경을 통하여 너무도 선명히 모든 것을 보이시고 성취하고 계십니다.

"옛적에 선지자들을 통하여 여러 부분과 여러 모양으로 우리 조상들에게 말씀하신 하나님이 이 모든 날 마지막에는 아들을 통하여 우리에게 말씀하셨으니..."(히 1:1-2)

15
야곱을 훈련시키시는 하나님

창세기 29:1-31:55(31:42)

"우리 아버지의 하나님, 아브라함의 하나님 곧 이삭이 경외하는 이가 나와 함께 계시지 아니하셨더라면 외삼촌께서 이제 나를 빈손으로 돌려보내셨으리이다마는 하나님이 내 고난과 내 손의 수고를 보시고 어제 밤에 외삼촌을 책망하셨나이다"

시작하는 이야기

밧단아람에서의 야곱의 생활이 본격적으로 시작됩니다. 욕심과 꾀가 많은 야곱은 예상과는 달리 외삼촌 라반의 집에서 많은 고초를 겪게 됩니다. 그러나 지나고 보니 야곱에게 이곳은 하나님을 새롭게 만나며 그의 인생이 근본적으로 바뀌는 귀중한 훈련의 장소였습니다. 하나님은 야곱을 믿음의 조상으로 인정하시기 전에 믿음의 조상다운 성품을 갖도록 훈련시키십니다. 성실 훈련, 책임감 훈련, 정직 훈련, 인내 훈련 등등. 이런 훈련들은 훗날 야곱이 자신과 가문의 믿음을 세우는데 귀하게 쓰임 받게 됩니다.

말씀의 자리

1 야곱이 라헬을 만나는 과정은 어떠하며, 야곱은 라헬을 얼마나 사랑했습니까(29:1-20)?

* 나홀(5): 야곱의 작은 할아버지(아브라함의 동생)

* 어머니의 명대로 라반에게 가는 도중 우물가에서 양을 치러 나온 라헬과 만남.

- 격한 감정표현(자기 처지가 감안된 행동으로 보임 10-12, 살아남아야 함).

* 라헬과 결혼하기 위해 7년을 무료 봉사함.

(레아는 눈에 생기가 없었으나 라헬은 곱고 아름다우므로. 17 - 현대인성경)

- '7년을 수일같이' - 기나긴 예속의 기간을 소망과 기쁨으로 극복하게 한 사랑의 힘.

2 야곱의 결혼과 관련하여 라반은 야곱을 어떻게 속입니까(21-30)? 사랑하는 아내를 얻는 과정이었음에도 속임 당한 야곱의 마음이 어떠했을까요?

* 7년이 지난 후 결혼식 날 삼촌 라반에게 속아 레아를 아내로 맞이하게 됨. (조카 야곱의 어려운 사정을 구체적으로 파악 후 악용 했을 가능성이 큼. 13절. 라반은 아브라함 공동체와 연관은 있었지만 그 언약에 참여하지는 못한 것으로 보임.)

결국 7년을 더 무료로 일하기로 하고, 일주일 후 라헬을 아내로 받아들이게 됨.
(결국 14년을 무급 노동함 - 노동 착취에 불항거하는 야곱 - 라헬에 대한 사랑과 자기의 위태로운 처지가 원인으로 보임 - 아브라함 언약에 근거한 결정이기 보다는 자기만족과 외부의 탐욕에 의해 진행되는 일)

* 속임을 당하는 자의 심정을 이해하게 되었을 것임.

3 결혼 이후 레아와 라헬은 아들 낳기 경쟁을 합니다(29:31–30:24). 이들이 아들을 낳고자 하는 이유가 무엇입니까(32–34, 30:1, 8)?

* 합환채(14): 당시 사람들은 이 식물의 뿌리가 사람의 하반신 모양과 비슷하다고 하여 이것을 먹으면 임신할 수 있다고 믿었다.

* 남편의 사랑을 독차지 하고 싶어서.

-> 가정에 불화가 생김.

- 29:32, 레아의 심정(괴로움. 이제는 내 남편이 나를 사랑하리로다)
- 30:1, 라헬의 심정(미인이었으나 시기심, 욕심이 많음)
- 서로 동정해야할 자들이 경쟁하고 미워함. 가정불화와 고통이 끊이지 않음. (생명공동체, 예배공동체, 언약공동체로서의 결혼 목적이 배제되고 자기만족적 판단(야곱)과 자기탐욕적 사기(라반)에 의해 이루어진 가정의 현실은 다툼이고 앞날은 암담하다. 그러나 하나님은 망가진 가정을 치유하고 세워 하나님의 언약의 공동체로 만들어 내신다. – 이래서 은혜이다.)

- 야곱의 식구들이 형성되는 과정에서 계속해서 하나님의 이름이 거명된다. 그러나 하나님은 자기욕심을 채우려는 이들의 편리한 변명과 도구에 불과한 대접을 받으신다. 이들이 하나님을 의식하는 것 같지만 실은 언약을 이루기보다 자기 목적을 이루려는데 집착한다(30:30).

4 야곱이 낳은 열두 아들의 이름을 낳은 순서대로 적어보세요(29:30–30:24, 35:18). 누구의 자손을 통해 메시아가 탄생했습니까(히 7:14)?

* 르우벤, 시므온, 레위, 유다, 단, 납달리, 갓, 아셀, 잇사갈, 스불론, (디나), 요셉

- 하나님의 뜻 – 이스라엘 민족의 12지파를 이룸(롬 8:28), 유다 외에 나머지 아들들은 아브라함 공동체(야곱 공동체:이스라엘 민족)의 준 대표적 위상
- 인간의 약점 가운데 역사하시는 하나님. 자기 뜻을 이루시는 역사의 주관자이심.

* 유다(아브라함 언약의 상속자, 아브라함 공동체의 대표 승계)

5 14년 후 야곱의 요청은 무엇이며(30:25-26), 라반의 제안은 무엇입니까(27-28)? 결국 품삯은 어떻게 하기로 합니까(29-36)?

* 처자들과 함께 귀향하도록 해달라(벧엘언약⑤을 이루려는 것 보다 라반의 사기와 부당한 노동에서 빨리 벗어나고 싶은 심정).
* 품삯 계산(부족하나 서서히 세워지는 하나님의 공도 - 라반의 사기와 야곱의 자기목적 성취가 이끄는 삶은 하나님 앞에서 공평하지도 정의롭지도 않았다. 그러나 하나님은 아브라함 언약에 근거해서 오직 은혜로 복을 주신다. 27 - 하나님이 주신 은혜를 빙자해서 나의 불의함을 변명해서는 안됨)
* 흰 양만을 골라 쳐서 그 중 아롱진 것, 점있는 것, 검은 것이 나오면 자기 소유로 하기로 함.

: 아롱진 양, 점 있는 양, 검은 양, 점 있는 염소, 아롱진 염소 - 품삯

6 야곱은 어떤 방법으로 재물을 모았습니까(37-43)?

* 37-39절은 미신적인 결과가 아니라, 벧엘의 약속을 이루어 주시고자 하시는 하나님의 도우심이다(31:9).

* 버드나무, 살구나무, 신풍나무의 푸른 가지를 취하여 그것들의 껍질을 벗겨 희무늬를 내고 그것을 양 떼들이 물 먹으러 오는 개천 물 구유에 세움.

-> 이것은 그 당시 전설에 따른 것임.

- 야곱은 재산을 모으는데도 소극적이 아니라 적극적으로 최선을 다함.
(안타깝게도 내 욕심을 채우려는 목적만큼 내게 동력을 제공하는 것도 없다)
- 이삭과 달리 자기 꾀를 동원해서 라반에게 속은 것을 방위코자함.
- 그러나 야곱이 부자가 된 것은 자기가 재주를 부렸기 때문이 아니라, 하나님이 축복해주셨기 때문임을 깨달음(아브라함 언약을 신실하게 달성하시는 하나님, 31:9-11, 41-42).

7 야곱은 라반과 계약을 맺은 이후 6년 동안 많은 재물을 얻게 됩니다(25-43). 많은 재물을 얻은 야곱이 고향으로 돌아가려는 결정을 하게 된 동기가 무엇입니까(31:1-3, 13)?

* 야곱의 치부케 됨이(내 집을 세움 30) 라반과 그의 아들들을 질투 나게 하여 안색이 변하게 함.
  - 야곱은 아브라함 언약의 상속자로서의 책임감이 거의 없는 상태이다. 그래서 이 어려운 인간관계는 하나님의 언약의 상속자로서의 길로(벧엘 언약⑤) 들어서게 한다. 그래서 고난이 약이 되는 때가 있다.

* 하나님의 명령에 의해(악을 선으로 바꾸시는 하나님)

8 야곱이 두 아내를 불러 자신의 계획을 말하자(31:4-13), 아내들의 반응은 어떠했습니까(14-16)? 아내들을 설득하는 과정에서 야곱의 신앙이 어떠함을 엿볼 수 있습니까?

* 아내들에게 처음 하나님을 소개. 치부케 됨이 하나님의 은혜인 것을 깨닫고 늘 함께 계시는 하나님을 고백. 아내들도 적극적으로 호응해 줌. (야곱의 아내들도 자기 아버지 라반의 사기와 착취에 질림 7, 15)

* 하나님의 섭리를 간증함. - 20년 동안의 자기의 머슴살이를 회고하며 그동안 지기 인생을 하나님께서 도우시고 인도하셨음을 설명함(벧엘에서 인격적으로 찾아와 동행하신 하나님이 야곱을 깨우쳐 벧엘로 귀환하라고 하심 12-13).
  - 현재의 상황을 잘 이해시킴./ 하나님의 명령임을 강조함./ 하나님의 인도하심에 대한 확신을 가짐.
  - 속임수로 일을 해결하려고 하지 않고 하나님과 사람 앞에서 정직하게 일을 처리함. = 인격의 성장/ 속이는 자 -> 공도를 행하는 자

9 야곱은 라반에게 말하지 않고 도망가듯 자기 고향으로 급하게 출발합니다(17-20). 하나님은 도망하는 야곱을 어떻게 도우십니까(21-29)? 라헬은 야곱과 라반의 관계를 어떻게 힘들게 만들었습니까(30-35)?

* 드라빔(19): 가정 신으로, 라반의 집이 우상숭배하고 있었음을 알 수 있다.

* 라반은 야곱이 도망간 것을 3일 후에 알고 7일간 추격함.
- 라반의 꿈에 현몽하여 야곱에게 선악 간에 말하지 말라고 경고하심 (야곱을 건드리지 말라-하나님의 보호/ 공도의 집행 30 - 야곱의 이런 행동의 원인을 라반이 크게 제공했음을 암시 24).

29절. 그래서 해할 만한 능력 있지만, 하나님의 말씀 때문에 해하지 않음.

10 라반의 수색이 헛수고가 되자 이에 대해 야곱이 라반을 어떻게 책망합니까(36-42)? 결국 둘 사이에 무슨 언약을 맺게 됩니까(43-55)?

* 자신의 정직함(진실함)을 호소함(36-40). 라반의 잘못을 책망함(41). 하나님의 도우심을 드러냄(42).
(속이는 자, 도망자에서 공도와 정의를 세워 나가는 자로 성장하는 과정)

* 라반의 딸들을 박대하거나 그 외에 더 취하지 말라는 것.
* 돌무더기를 넘어 서로 침범해서는 안 된다는 것(드라빔으로 인한 재산 상속 문제를 없애려고).
- '여갈사하두다(아람어)' '길르엣(히브리어)' = 증거의 무더기/ '미스바' = 파수대
- 떡을 대접, 라반은 손자와 딸에게 입 맞추고 축복한 후 떠남.

삶의 자리

1 야곱은 팥죽 한 그릇으로 장자의 명분을 사고, 아버지 이삭을 속여 장자가 받을 축복까지 빼앗은 자였습니다. 또한 아내를 얻기 위하여 14년을, 그리고 재물을 얻기 위하여 6년을 한결같이 일한 자입니다. 이러한 야곱을 철저히 속이고 이용했던 라반을 통해 하나님께서는 야곱에게 어떤 훈련을 주시고자 하셨을까요?

* 자신의 모습을 온전히 돌아보게 하심.
* 억울함 속에서도 함께 해 주시는 하나님을 통하여 신실하신 하나님을 구체적으로 만나게 하심.
- 교활한 자를 더욱 교활한 자로부터 훈련받게 하시고 그 가운데서 오로지 하나님만 의지하게 하심.
→ 그 사람에게 가장 합당하게 훈련시키심(하나님께로부터 모든 것이 나옴을 인정).

자기사랑에서 이웃사랑의 마음을 가지도록.

2 밧단아람에서 맡겨진 양 떼들을 최선을 다해 돌보는 야곱을 보면서 배울 점은 무엇입니까? 하나님은 당신에게 어떤 훈련을 시키고 계십니까?

삶의 자리 +

변화와 성장을 갈망하며 간절히 기도하기

말씀의 자리 +

야곱이 재물을 얻은 방법은 과연 가능한 것이었을까?

야곱은 라반과의 품삯 계약 후 독특한 방법으로 그의 재산을 늘려나갔습니다. 그는 양이나 염소 중에 자신의 몫인 아롱지거나 점이 있거나 아니면 검은 것을 얻기 위해 기발한 방법을 씁니다. 버드나무와 살구나무 그리고 신풍나무의 가지를 취하고 그 껍질을 벗긴 후 흰 무늬를 내어 물을 먹는 양 떼들 앞에 놓았을 때, 그 양 떼들이 낳은 새끼는 꼭 자신의 몫이 되었습니다. 과연 이런 방법은 가능할까요? 물론 현대의 유전학적인 관점에서 본다면 이것은 결코 가능한 일이 될 수가 없을 것입니다. 그렇다면 야곱에게는 이것이 어떻게 가능했을까요? 이는 야곱이 하나님의 약속(31:12)을 기초로 하여 자신이 할 수 있는 최신의 방법이라고 여기고 열심을 다했기 때문입니다. 하나님께서는 야곱에게 벧엘에서 약속하시고 그 약속에 따라 야곱을 인도하고 계셨습니다. 그렇기에 이 일은 이제 벧엘의 약속대로 야곱을 그의 고향으로 (수고의 정당한 대가를 가지고) 돌아가도록 하기 위하여 하나님이 직접 이루신 것이었습니다. 하나님의 방법은 하나님의 목적에 따라 시간과 공간을 초월하여 모든 것을 가능하게 합니다. 이것은 사람들이 생각하는 미신적인 것과는 분명히 다른 것입니다.

16

야곱의 이름을 바꿔주신 하나님

창세기 32:1-32(28)

"그 사람이 가로되 네 이름을 다시는 야곱이라 부를 것이 아니요 이스라엘이라 부를 것이니 이는 네가 하나님과 사람으로 더불어 겨루어 이기었음이니라"

시작하는 이야기

얍복 나루터는 야곱에게 변화의 현장입니다. 야곱은 감춰져 있었던 과거 자신의 죄 앞에 노출되었을 때 밀려오는 두려움을 이길 수 없었습니다. 그는 죄는 결코 사라지지 않는다는 것을 깨닫게 됩니다. 야곱은 하나님과 만난 자리에서 이 사실을 인정하고 싶지 않았습니다. 하나님을 자기의 힘으로 이기고 싶었습니다. 그는 자신의 힘으로 하나님을 이겨놓고도 이긴 것이 아님을 깨닫고서야 하나님께 굴복합니다. 진짜 축복은 하나님께 자신을 굴복시키는 것입니다. 하나님은 야곱에게서 참된 변화가 일어나기까지 신실하게 동행하시며 도와주셨습니다. 나와 동행하시는 하나님 앞에 무릎 꿇을 수 있는 여러분 되기를 바랍니다.

말씀의 자리

1 하나님은 고향으로 돌아가는 야곱을 어떻게 보호하십니까(32:1-2)?

* 하나님의 사자들(1): 천사들

* 세일(3): '험한 산지'라는 뜻으로, 후에 에서의 후손들의 소유가 된다(신 2:4, 대하 20:10).

* 하나님의 사자들이 약속에 근거하여 신실하게 보호하심(28:15, 31:13, 42).

- 마하나임: '두 개의 군대' 라는 뜻./ 야곱은 하나님의 군대(the camp of God)이라 부름.
- 야곱의 도피 중 벧엘에서 나타났던 것처럼 그의 귀향길에도 나타나 함께 하시는 하나님을 보게 함.
- 구속받은 자를 떠나지 않으시는 하나님(마28:20, 성령, 천사들…).
- 야곱은 그들을 여행 중에 보있다. 그리니 육신의 눈으로 보았는지 아니면 마음의 눈으로 보았는지 알 수 없다.

2 그럼에도 불구하고 야곱은 무슨 문제 때문에 두려움에 시달리고 있습니까(3-5, 11, 20)?

* 에서를 만나 죽음의 보복을 당할까봐 두려움(11, 27:41-42).
(죽음의 사자 에서 vs 생명의 주관자 하나님)

* 형을 속였던 죄가 해결되기까지 치러야 할 과정의 두려움.

- 에서에게 직접 사과하는 절차가 있어야 하는데 여기서 두려움을 가짐. 그러나 야곱의 생명이 하나님의 보호아래 있다고 믿는다면 용기내서 에서의 용서를 받아내려 해야 했음.
- 에서와의 화해 진행 중에 발생하는 어려움은 상당부분 감수해야 함.

3 야곱은 에서와의 문제를 해결하기 위해 어떤 방법을 취하게 됩니까(3-5)?

- ① 화친과 동태 파악을 위하여 종들을 에서에게로 보냄.
  400인을 데리고 온다는 보고를 받음.
  ② 일행을 두 떼로 나눔. 한 떼만이라도 피하고자 함. 작전 세움.
  (가장으로서 가장 비겁한 방법을 취함)

4 에서에 대한 두려움 때문에 나름의 강구책을 취했지만, 여전히 불안함이 있는 야곱(6-8)이 무슨 행동을 하게 됩니까(9-12)? 기도 후에 다시금 그가 취한 강구책은 무엇입니까(13-23)?

* 얍복(22): 갈리리 바다와 사해 중간에 위치한 요단강의 지류. '싸우다'라는 의미.

* 하나님께 기도.

* 에서에게 줄 예물을 준비함. - 세 떼로 나누어 보냄(19). 예물로 형의 감정을 풀고자함. 아내와 아들들을 뒤따르게 함. 소유도 건넴. 합이 550마리의 짐승을 일정한 간격으로.

- 야곱이 하나님의 약속을 근거로 기도하지만 곧 인간적인 방법을 강구한 것을 보면, 이 또한 하나님께 기도하기 전에 이미 계획한 것으로 보임. 그의 기도는 단지 계획이 성공적으로 마무리되기를 간구하는 도구에 불과했음.

- 좋은 점: 주의 말씀(약속)에 근거하여 기도(9, 12). 간절한 기도. 네 씨(예수)를 근거로 기도. 감사하는 기도(빌 4:6-8). 구체적으로 기도. 기도하고 최선의 노력을 다함.
- 부족한 점: 기도하고도 믿지 못함. 기도조차도 이용하려 함. 두 마음을 품은 기도(약 1:6-8).

  기도에 합당한 실천 부족 - 에서는 예물이 아니라(33:9) 야곱의 목숨(27:41-42)을 노림. 죽기를 각오한 회개의 심정을 보였어야 했음.

5 야곱이 홀로 있던 그 밤에 무슨 일이 있었습니까(24)? 하나님의 사자가 왜 허벅지 관절을 쳤습니까(25)? 그 뜻이 무엇이라고 생각합니까?

* 씨름할 때에(25): 먼지를 일으킬 만큼 격렬하고 필사적인 싸움.

* 하나님의 사자와 씨름 이기지 못하므로

→ 역사적 사실

① 내용과 문맥 면에서

② 호세아 선지자가 증언(호 12:3-4)

③ 실제로 야곱이 절었음

- 호세아는 압복 강에서의 씨름은 훗날 이스라엘 나라가 경험하게 될 것 예시.

* 야곱이 자기 의, 고집으로 지려하지 않아 결국 허벅지 관절뼈가 꺾이게 됨.

① 이제껏 육적 수단에 의지해왔던 야곱을 완전히 꺾음으로서(건강한 다리는 그의 최후 안전상치) 이후로는 온전히 하나님만 의지하게 함(하나님께 목숨을 맡기고 에서에게 목숨을 내 놓아야 함).

② 예표적으로 장차 그의 허리에서 나올 이스라엘의 운명 역시 인간적 수단에 의지하게 될 때 이처럼 실패할 것이라는 경고.

6 야곱이 사람의 모습으로 나타난 하나님께 무엇을 구합니까(26, 호 12:3-4)? 그동안 그가 추구했던 복들은 무엇이었습니까(25:33, 27:35, 29:20, 30:42-43)?

* 축복을 구함: 자기중심의 안전장치가 완전 해체된 상태에서 생명의 주권자이신 하나님만 의지(하나님을 경외하는 신앙으로 확실히 전환 22:12).

(호 12:3-4) "야곱은 모태에서 그의 형의 발뒤꿈치를 잡았고 또 힘으로는 하나님과 겨루되 천사와 겨루어 이기고 울며 그에게 간구하였으며 하나님은 벧엘에서 그를 만나셨고 거기에서 우리에게 말씀하셨나니"

* 장자권, 아버지 축복, 사랑, 자식, 돈… 결국 이런 것들은 진정한 복이 아니다.

- 자신의 죄로 죽음에 직면(자아의 종말)하게 되고서야 그동안 추구했던 것들이 진짜를 가장한 가짜 복이라는 사실을 깨닫게 되었다. 진정한 복은 하나님과 사람 앞에서 부끄럼 없이 서는 것이다. 야곱에게 진정한 복은 아브라함 언약을 계승하고 하나님의 계획이 온전히 승계되도록 하는 것이다.

7 하나님께서는 야곱을 어떻게 축복하셨습니까(27-29)?

* "너의 이름이 무엇이냐?" 자신의 거짓되고 이기적인 성품을 직면하고 이실직고 하게 함.
* '야곱'을 '이스라엘'로 개명하시고 축복해주심(아브라함 언약의 상속자 됨을 공증).
- 이름은 당사자의 전인격./ 삶을 반증함.
-> 새로운 성품과 미래를 열어주심.

8 야곱이란 이름과 이스라엘이란 이름의 뜻이 각각 무엇입니까? 하나님께서 야곱의 이름을 바꾸어 주신 의미가 무엇입니까(고후 5:17)?

* '야곱': 속여 빼앗는 자, 발을 잡은 자
'이스라엘': 하나님과 겨루어 이긴 자(실제로는 하나님께 굴복된 자, 하나님이 통치하신다)

- 인간중심의 실패의 이름이 하나님 중심의 승리의 이름으로 축복받음. 벧엘 언약에 근거하여 야곱이 실질적 언약의 후계자로 하나님에 의해 정식 비준을 받음(아브라함 언약의 상속자로 태어났지만 마치 그것과 무관한 사람처럼 살아왔으나 이제 그 위치를 찾음).

- 고후 5:17 "그런즉 누구든지 그리스도안에 있으면 새로운 피조물이라 이전 것은 지나갔으니 보라 새것이 되었도다"

9 야곱은 그곳의 이름을 무엇이라고 불렀습니까(30)? 야곱이 브니엘을 지날 때의 모습이 어떠했을까요(31)?

* 브니엘(하나님의 얼굴: 하나님의 임재를 경험하고 변화된 장소)

* 환도뼈로 인하여 절음. 해가 돋음(새 희망, 하나님의 은혜의 광선).

- 전적으로 하나님의 은혜에 의존하는 절름발이
- 고후 4:16-18 겉사람은 낡아지나 우리의 속사람은 날로 새로워지도다 (언약의 상속자로 새출발)

삶의 자리

1 얍복강에서 참된 복을 구함으로 '이스라엘'로 축복받는 야곱의 모습을 볼 때 하나님이 우리에게 주시고자 하시는 참된 복은 무엇이며, 그러한 복을 누리기 위해서는 어떤 신앙의 자세가 필요하다고 생각합니까?

2 당신의 얍복강은 어디입니까?

*얍복강: 주님께 죄악된 자신을 내려놓고 주님을 나의 주로 영접한 자리이다.

삶의 자리 +

감춰두었던 죄를 회개하고, 그 사람에게 용기 내어 용서를 구하기

말씀의 자리 +

하나님의 사자와 씨름한 야곱

얍복 강가에서 하나님의 사자와의 씨름은 야곱에게 처절하리만큼 심각하고도 고통스러운 것이었습니다. 그 씨름은 허벅지 관절이 어긋날 정도로 강렬했습니다. 그러나 이 씨름은 야곱이 이스라엘이라 불리게 되는 위대한 사건이었습니다. 그런데 야곱의 이름이 바뀐 것이 왜 복일까요? 야곱은 자신의 이름의 뜻인 '속이는 자'를 생각하면서 자신의 죄성을 발견했습니다. 자신이 그동안 형을 속이고, 아버지를 속이고, 자신과 하나님마저 속이려 했던 사기꾼이라는 사실을 깨닫게 된 것입니다. 그는 지신의 무기력함을 인정하고 하나님으로부터 새로워지고자 하는 간절함 속에서 '참된 복'(변화되어 새로워지는 인생)을 구하게 되었습니다. '이름'은 그 사람의 인격이자 삶을 말합니다. 야곱은 이름이 바뀜으로 '속이는 인생', 즉 실패자의 인생이 아니라, 하나님으로부터 말미암은 '승리자의 인생'이 되었습니다. 그래서 야곱은 이것을 믿음으로 영접하고 그 자리에서 일어나 얍복강을 건널 수 있게 되었습니다.

야곱은 이스라엘, 즉 '하나님과 씨름하여 이긴 자'라는 이름을 갖게 되었습니다. 이는 이제는 자신이나 사람이 아닌 '하나님만을 의지하는 데 성공한 자'라는 뜻입니다. 참으로 명예스러운 이름이 아닐 수 없습니다. 얍복 강가 이전의 야곱의 인생이 자신을 높이며 자신을 부요케 하기 위한 싸움이었다면, 이제 후로는 하나님을 높이며 하나님을 의지하는 싸움의 인생으로 변하게 되었습니다. 그런데 여기서 중요한 것은 이 얍복 강가의 브니엘의 체험은 이미 벧엘의 서원과 함께 하나님께서 짜 놓으신 야곱의 인생 훈련코스였다는 사실입니다. 지금 우리에게 주어진 이 순간, 이 과정도 하나님께서 그의 자녀에게 기쁘게 주시고자 하시는 사랑의 훈련입니다. 이것을 기억하며 주님을 인격적으로 체험하는 은혜가 있기를 바랍니다.

17
엘벧엘의 하나님

창세기 33:1-36:43(35:14-15)

"야곱이 하나님이 자기와 말씀하시던 곳에 기둥 곧 돌 기둥을 세우고
그 위에 전제물을 붓고 또 그 위에 기름을 붓고
하나님이 자기와 말씀하시던 곳의 이름을 벧엘이라 불렀더라"

시작하는 이야기

신앙은 우리의 필요를 채우고 문제를 해결하기 위해서 하나님의 능력을 빌리는 수단이 아닙니다. 신앙적인 삶은 나를 구원하신 하나님을 믿고 그 말씀을 따라 사는 삶이며, 나를 구원하신 하나님께 내 삶을 드리는 것을 최고의 기쁨으로 여기는 삶입니다. 야곱은 하나님의 보호하심 속에서 극적으로 형과 은혜로운 만남을 이루었지만, 이후 다시 과거와 같이 안주하려는 태도를 보이고 맙니다. 야곱의 귀환은 언뜻 보면 성공하는 듯 보이기도 하지만 아직 야곱에게 남아있는 옛사람의 기질 때문에 그는 다시 한번 어려움에 부딪히게 됩니다. 결국 그는 엉뚱하게도 세겜에 장막을 치고 정착 준비를 하며 현실에 안주하려고 합니다. 그럼에도 불구하고 하나님께서는 야곱의 옛 서원 장소에서 엘벧엘의 하나님으로 야곱을 만나 주십니다. 오늘 말씀을 통해 나의 신앙의 상태는 어떠한지 점검해보고, 내 인생의 엘벧엘을 다시 세울 수 있길 바랍니다.

말씀의 자리

1 에서를 만나는 야곱의 태도가 어떻게 달라졌습니까(33:1-15, 32:7, 11)?

* 달라진 모습
- 이전(32장): 심히 두렵고 답답함(7). 자신과 자신의 가족들을 칠까 겁내어 두려워 함(11).
- 이후(33장): 모든 무리의 앞에 나서서(3) 몸을 일곱 번 땅에 굽히며 에서에게 나아감.
  에서에게 자기 목숨을 내어 놓음: 주의 종(5) - 죽으면 죽으리라, 그러나 야곱의 목숨은 이미 하나님께 안전히 맡겨짐 - 비록 에서가 죽여도 하나님은 살리실 것임 - 공도와 정의를 세우는 사람으로 나아감
  에서에게 은혜 입은 것을 감사하며, 내가 형님(에서)의 얼굴을 뵈옵는 것이 하나님의 얼굴을 본 것 같다고 함(10).
  끝까지 예물을 드림(11) - 축복의 통로로서 역할

하나님은 야곱이 깨달은 것보다 훨씬 더 많은 것을 예비해 두심.
얍복강 에서의 야곱 > 야곱을 변화시킴 -> 상황을 변화시킴(복수->화해)

2 에서의 문제가 해결된 후 야곱은 어디로 가서 무엇을 합니까(16-17)? 야곱이 형을 따라 세일로 가지 않은 이유는 무엇입니까(13-14, 17)?

* 숙곳(17절): 얍복강 북쪽방향의 요단강 동편 지역

* 숙곳(장막들이란 뜻)으로 가서 집과 우릿간을 지음.
- 야곱이 자신을 위하여 집을 짓고 짐승을 위해 우릿간을 지은 것을 보면 야곱은 하나님께 감사하기보다는 먼저 자신을 위하여 일을 하고 있다. 위기 모면한 뒤 다시 안주해 버리는 안일한 모습.

* 하나님과의 약속 땅(벧엘)로 들어가지 않음 - 반대 방향인 숙곳을 향한다. 야곱은 얍복강에서 이스라엘로 변화되었지만 아직도 자기중심적인 인간적인 모습이 남아있다.

3 세겜 성은 어디에 있으며, 야곱은 세겜에서 무엇을 합니까(18-20)? 그 곳 이름을 '엘엘로헤이스라엘'이라 부른 것이 왜 중요합니까(31:3, 13, 32:9)?

* 세겜(33:18): 지난날 아브라함이 가나안 땅 벧엘에 오면서 통과했던 가나안의 관문 도시이다. 그러나 야곱은 거쳐 가는 곳이 아닌 정착의 장소로 정하여 값을 지불하고 땅을 산 후 단을 쌓았다.

* 세겜은 가나안 땅에 있었고, 과거에 아브라함이 벧엘로 오면서 통과했던 가나안의 관문도시이다. 세겜은 당시 무역의 중심지로 돈 벌기 좋은 곳이었다.

* 야곱은 세겜을 잠시 거쳐 가는 곳이 아닌 정착의 장소로 정하고 세겜의 아버지 하몰의 아들들의 손에서 값을 지불하고 땅을 산후에 그 곳에 단을 쌓았다.
그리고 그 단 이름을 엘엘로헤 이스라엘(뜻: 하나님 이스라엘의 하나님)이라 불렀다.

* 얍복강에서 변화를 체험한 후 이제는 조상의 하나님이 아니라 '아브라함 언약을 상속한 나의 하나님'으로 영접하고 있다. 그러나 그의 고백에 비해 실천은 미약하다 - 특히 아브라함 언약의 연속선상에서 야곱공동체(가족 -> 이스라엘 민족)의 하나님이 되기까지 여정은 멀다.

4 야곱이 세겜에서 하나님을 믿지 않는 가나안 족속들과 오래 사는 동안 무슨 사건이 있었습니까(34:1-2, 25-31)? 이 사건을 통해 야곱의 가정 분위기와 야곱의 신앙에 대해 무엇을 알 수 있습니까?

* 딸 디나가 히위 족속 중 하몰의 아들 세겜에게 강간을 당하는 사건이 발생. 야곱의 아들 시므온과 레위가 세겜 족속을 잔인하게 진멸함(야곱 가족이 위험에 처함).

* 야곱의 가정 분위기
- 야곱의 리더십이 무너지고 아버지와 아들간 원망과 미움이 자리잡음.
- 주변 족속들의 보복을 두려워하게 됨 - 신앙교육의 부재와 우상숭배(35:2)

* 야곱의 신앙
- 하나님과의 서원을 잊고 세상(세겜)에 적당하게 안주하려는 것이 화근이 됨.
- 얍복강에서 새로워졌지만 여전히 옛 사람의 본성에 이끌려 다님.
- 34장의 특징: 하나님의 이름이 한 번도 언급되지 않고, 강간, 분노. 탐욕, 살인 등으로 가득 찬 참혹한 현장을 그린나.

(야곱은 마침내 아브라함 언약의 상속자로 공증되었지만 자신에게 많은 변화의 시간이 필요했던 것처럼, 자신의 가족들이 언약의 대열에 함께 합류하게 되는 많은 변화의 시간들이 필요함. 야곱은 아브라함 언약의 상속자로 아브라함 공동체의 연속인 야곱공동체의 대표로서 가족들을 이끌지 못하는 수준 - 야곱의 미숙과 가족들의 준비되지 못함: 세겜에서 공도와 정의가 무너짐, 야곱공동체가 세겜에 복이 되지 못함)

5 세겜에서 실패한 야곱에게 하나님께서는 어떤 방향을 제시해 주시며 (35:1), 이에 대해 야곱은 어떻게 순종합니까(2-4)? 야곱이 이렇게 행한 이유가 무엇입니까?

* 벧엘로 올라가서 단을 쌓으라 하심(예배공동체): 세겜의 생활을 청산하고 벧엘의 서원을 이루라
  - 두려워하는 그에게 이전의 체험들을 기억하고 하나님을 의지하게 하심.
  - 불행한 '디나 사건'을 징계의 채찍으로 여기게 함 <- 문제점 지적
  - 야곱은 실패하고 아무 대책 없을 때 하나님께서 나타나셔서 강권적으로 은혜 베푸심. 회개의 마음은 자신의 죄책감이 아닌 하나님의 부르심의 은혜에서 온다.

* 이방 신상을 버리고 정결케 함(공동체 정화작업, 이스라엘은 언약생명공동체).
  - 이방 신상, 자기 귀에 있는 귀고리들(점치는 것 같은 미신적 행위에 사용)을 세겜 근처 상수리나무 아래 묻음.

* 야곱은 세상 재미 때문에 하나님과의 첫 약속을 잊고 있었으며, 가족들은 이방신상까지 섬김. 그런데 디나 사건 후 이것을 깨닫고 회개함(철저히) 그리고 값진 것들을 아까와 하지 않고 다 버림.

  - 신앙 회복 운동의 모토 "일어나 벧엘로 올라가자"
    (주께 돌아가야 온전한 회복이 시작된다)

질문) 우상이란, 하나님보다 더 사랑하는 것입니다.
내가 버려야할 우상은 무엇입니까?

6 벧엘로 향하는 야곱 일행을 하나님께서는 어떻게 보호하시며(5-6), 벧엘에 이른 야곱은 그곳의 이름을 무엇이라고 불렀습니까(7)? 여기서 야곱의 신앙이 어떻게 성장했음을 알 수 있습니까(28:19-22, 35:7)?

* 엘 벧엘(7): 벧엘의 하나님.

* 사면 고을들로 크게 두려워하게 하여 추격(보복)하는 자가 없게 하심. 하나님께서 문제를 해결해주심(35:5). - 특별한 은혜

- 하나님께서는 회개하고 돌아오는 자를 붙들어 주신다.

* 엘벧엘(하나님 집의 하나님). 하나님의 집만 보던 신앙에서(30:31) 이제는 하나님을 봄.

* 야곱의 신앙 성장.

- 조건부적인 신앙(28:19,20)에서 하나님의 인도와 언약의 성취에 대한 감사와 결단의 모습으로 바뀜(35:7).
- 그 당시 눈에 보이는 것 없이 막연한 가운데 서원한 것을 다 이루신 하나님을 회상하며 현재의 신앙을 재점검하고 미래를 하나님께 헌신함.

7 하나님께서는 엘벧엘에서 야곱에게 무슨 축복의 약속을 주셨습니까(9-13)? 이 말씀이 야곱에게 왜 중요합니까? 야곱이 하나님의 말씀을 듣고 어떻게 했습니까(14-15)?

* ① 야곱의 이름을 이스라엘로 바꾸어주심(야곱을 새 사람으로 만드시겠다는 뜻).
② 자손이 번성 하고 왕들이 나온다는 것 = 많은 민족의 아버지
③ 아브라함 - 이삭 - 야곱뿐 아니라 후손에게도 약속의 땅 가나안을 주겠다는 것.
- 아브라함과 맺은 계약의 계승자로 삼으심.

* 야곱을 공식적으로 언약의 계승자로 인정하심.
* 말씀하시던 곳에 돌기둥을 세워 기름을 붓고 '벧엘'이라 칭함 - 야곱의 하나님은 항상 동일했으나 야곱은 하나님 앞에서 성장의 변화를 겪었다. (벧엘 -> 엘벧엘 -> 벧엘)

질문) 나 밖에 모르는 이기적인 내가 어떻게 온 세상의 목자가 될 수 있는가?
- 오직 하나님의 은혜로 될 수 있으며, 말씀과 은혜로 새롭게 하여 주신다.

8 야곱이 가나안에서 이동하는 과정에서 어떤 불행한 일들이 일어났습니까(16-20, 21-22)? 야곱의 열두 아들의 이름을 정리해 보세요(23-26).

*① 벧엘에서 에브랏에 가는 길에 라헬이 베노니(야곱은 베냐민이라 부름)를 낳다가 죽음.
(일생 가장 소중하게 얻었던 아내 라헬의 죽음의 슬픔을 넘어 아브라함 언약의 소망을 바라봄 - 베노니: 슬픔의 아들, 베냐민: 오른 손의 아들)
② 르우벤이 아버지 첩 빌하와 동침함(야곱의 리더십에 타격).

* 레아의 아들: 르우벤, 시므온, 레위, 유다, 잇사갈, 스불론
라헬의 아들: 요셉, 베냐민
빌하(라헬의 여종): 단, 납달리
실바(레아의 여종): 갓, 아셀

9 야곱이 아버지 이삭과 화해했음을 어떻게 알 수 있습니까(27-29)? 처음 그 자리로 돌아오기까지 야곱에게 어떤 변화들이 있었습니까?

*야곱이 기럇아르바의 마므레로 가서 아버지 이삭에게 감.
- 기럇아르바는 아브라함과 이삭이 거류하던 곳

*헤브론(영적 고향) - 벧엘(영적 체험) - 브엘세바(연단) - 얍복강(회개 및 축복) - 세일(엘엘로헤 이스라엘 '신앙고백') - 엘벧엘(하나님의 인정, 이스라엘 개명) - 벧엘(영원한 언약의 하나님) - 헤브론(화해)

10 36장은 에서의 자손(1-19), 세일의 자손(20-30), 에돔의 왕들(31-43)에 대한 기록입니다. 이 부분을 한 번 읽어보세요.

삶의 자리

1 하나님의 보호하심을 온전히 신뢰하지 못하고 현실에 안주하여 타락의 도시 세겜을 선택한 야곱과 그의 가족은 엄청난 아픔을 겪게 되었습니다. 당신은 하나님의 인도하심을 신뢰하며 말씀대로 행하고자 하고 있습니까?

2 당신도 엘벧엘에서의 야곱처럼 하나님과의 관계가 회복되었던 은혜를 경험한 적이 있습니까? 지금 당신의 인생을 하나님은 어떻게 평가하고 계실까요?

삶의 자리 +

과거에 하나님을 만났던 경험을 되새겨보고,
약속과 소망에 근거한 유언장 써보기

말씀의 자리 +

브니엘의 체험을 했음에도 야곱은 왜 세겜을 택했을까?

야곱이 브니엘에서 체험했던 사건은 그를 완전히 새롭게 변화시킬 수 있을 정도로 큰일이었습니다. 이후 그는 벧엘의 서원을 이루며 하나님 중심의 생활을 세워나가기만 하면 되었습니다. 그러나 야곱은 벧엘이 아닌 세겜을 택하여 아예 그곳에 장막을 쳤고 값을 지불하여 땅을 구입했습니다. 이를 볼 때 야곱은 아예 그 자리에 안주하여 정착하고자 했던 듯합니다. 야곱은 왜 그랬을까요? 숙곳과 세겜이라는 곳은 가축 사육이 용이할 뿐만 아니라 이미 번화한 도시로 알려진 곳입니다. 그렇기 때문에 야곱에게는 벧엘보다는 세겜이 훨씬 더 안정되게 보였을지도 모릅니다. 그러나 더 중요한 이유는 35장 1절에서 찾을 수 있습니다. "하나님이 야곱에게 이르시되 일어나 벧엘로 올라가서 거기 거주하며...". 하나님께서는 야곱과의 약속 가운데 그를 인도하고 계셨지만, 야곱은 하나님의 명령보다 그의 형편을 우선시했습니다. 하나님께서는 벧엘에서 야곱에게 하신 약속을 기억하시고 오랜 시간이 지난 후에도 약속을 이행하고자 하셨지만, 야곱은 하나님보다 자신의 상황을 절대적으로 우선시하는 이기적인 모습을 보였습니다. 사람은 누구나 벧엘과 세겜 사이에서 갈등할 수 있습니다. 그러나 이것은 본질적으로 하나님의 약속의 말씀과 자신의 상황 그리고 현실을 따지는 자아가 충돌하는 것임을 알아야 합니다. 따라서 우리는 매일 하나님 앞에서 자신을 새롭게 해야 합니다. 그럴 때 우리는 자신의 욕심보다 하나님의 뜻을 더 우선하여 살아갈 수 있을 것입니다.

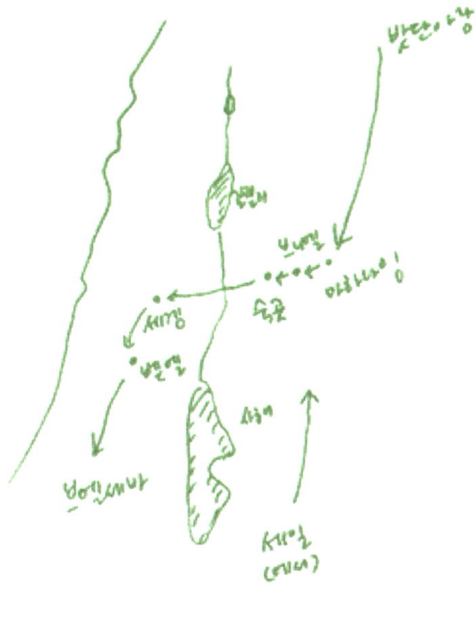

18

꿈꾸는 청년 요셉

창세기 37:1-36, 39:1-40:23(37:9)

"요셉이 다시 꿈을 꾸고 그의 형들에게 말하여 이르되
내가 또 꿈을 꾼즉 해와 달과 열한 별이 내게 절하더이다 하니라"

시작하는 이야기

"난 꿈이 있어요~" 많은 사람들이 꿈을 꾸고 꿈을 노래하지만 정작 꿈을 이루는 사람은 많지 않습니다. 하나님으로부터 말미암는 꿈은 꿈꾸는 자를 먼저 연단시키는 속성이 있습니다. 이는 꿈꾸는 자가 꿈을 감당할 수 있어야 하기 때문입니다. 요셉의 어린 시절은 꿈 이야기로부터 시작됩니다. 하지만 꿈꾸는 자는 곧 미움을 받고 죽기 직전까지 갔다가 결국 애굽에 노예로 팔려갑니다(37장). 애굽에 팔려 온 요셉은 친위 대장 보디발의 집에 팔리고 모함으로 감옥에까지 가게 됩니다. 그러나 그의 생활은 놀라울 정도로 한결같았으며, 그는 결국 하나님의 사람으로 인정을 받았습니다(39-40장). 요셉은 하나님께서 아브라함, 이삭, 야곱을 통해서 씨를 뿌려 맺으신 창세기의 열매로, 예수님의 모습을 그려 주고 있습니다. 요셉을 통하여 꿈꾸는 자가 가져야 하는 태도와 요셉과 동행하시는 하나님이 어떤 분이신지를 배워야 하겠습니다.

말씀의 자리

1 요셉이 형들에게 미움을 받게 된 이유는 무엇입니까(37:1-11)? 야곱의 가정 분위기가 어떠했겠습니까?

* 아버지 야곱의 편애: 노년에 얻은 라헬의 아들이므로 요셉을 더욱 사랑함.
  채색옷(장자의 옷)을 입힘. - 주된 이유
  형들의 잘못을 아비에게 고하여.
  - 형들이 오해했을 수도 있다. 요셉은 형들을 정죄하기 위하여 고자질 한 것 보다는 교정을 위해서 아버지께 보고했을 수도 있다 - 정의실현
  요셉의 꿈: 곡식단이 절하는 꿈(7)/ 해·달·열한 별이 절하는 꿈(9)
  - 자신들이 요셉에게 굴복하는 것으로 해석해서 시기하여 미워함(형들의 오해, 요셉은 당시 이 꿈을 제대로 해석할 수 없었다. 순진하게 꾼 꿈을 말함).

* 아버지 야곱의 리더십 아래 하나가 되어 있기 보다는 모친 중심으로 형제들이 나뉨. 특히 야곱이 가장 사랑했던 라헬의 아들들을 미워함.
- 아들들이 모친을 중심으로 편이 갈라져 있고, 형제애가 없고 불화와 시기로 평화롭지 못했음.

2 야곱은 요셉에게 무슨 일을 시켰으며 요셉은 그 일을 어떻게 감당했습니까(12-17)? 이 사건에서 요셉에게 배울 점은 무엇입니까?

* 형들의 안부를 알아보는 것 - 이유: 34장 사건에서 세겜에 큰 불상사가 있었기 때문.
* 내가 그러하겠나이다(순종함).
- 형들을 만날 때까지 쫓아감(헤브론→70km→세겜→약 24km→도단).
- 형들에게 가는 길이 불편했겠지만 아버지의 근심을(야곱 공동체의 대표로서) 덜어주고자(기쁘게 해드리고자) 감.

* 자신의 감정 보다는 보내신 이를 기쁘시게 하고자 순종함.

질문) 당신은 맡겨진 일에 (부정적인 감정을 이기고) 온전히 충성합니까?
(고전 4:2)

3 요셉이 오는 것을 본 형들의 반응은 어떠했으며(18-24), 그때 요셉의 심정은 어땠을까요? 결국 요셉은 어떻게 되었습니까(25-28, 36)?

* "꿈꾸는 자가 오는 도다" 비아냥거림. 형제들이 멀리서 오는 요셉을 죽이고 아버지를 속이고자 꾀함. 그리고 채색옷을 벗겨 빈 구덩이에 던짐.

* 형들에 대한 배신감과 두려움.

* 르우벤의 만류로 죽이지는 않고, 유다의 제안으로 이스마엘 족속에게 팜. - 은 20개에 팔려 애굽의 노예로 끌려감.

(형들이 동생 요셉을 노예로 팔아버림은 야곱 공동체가 심각하게 뒤틀렸다는 반증)

4 요셉의 형들은 아버지에게 무슨 거짓말을 했습니까(29-32)? 이때 아버지 야곱은 얼마나 슬퍼합니까(33-35)? 요셉의 형들의 악한 본성에 대해서 생각해 보세요(약 3:16).

* 숫염소의 피를 채색 옷에 적셔 아버지에게 보냄. 짐승에게 잡혀 먹혔다 함.
* 자기 옷을 찢고 굵은 베로 허리를 묶고 오래도록 애통하며 자녀들의 위로를 받지 않고 죽어서 요셉을 만나겠다며 슬피 욺(아버지로서, 아브라함 언약의 대표로서).
* 시기와 다툼으로 인해 인류를 파괴하는 무시무시한 죄악을 범함. 형들은 한 순간의 범죄로 일생동안 죄책감에 시달림.

5 요셉을 노예로 산 보디발은 어떤 사람입니까(39:1)? 요셉의 청년 기간 (17~27세) 동안 누가 함께 했으며, 그의 삶이 어떠했습니까(2-6)?

가정총무(4): 집 전체의 재산을 관리하는 총 지배인

* 바로의 친위대장(경호실장) 보디발의 종으로 팔려감.
* 여호와께서 요셉과 함께 하심(은혜). 2-3, 5절에 4번 언급됨.
- 하나님이 함께 하시므로 모든 일에 공도와 정의를 실현하고 복의 통로 역할을 하도록 형통함.

6 보디발의 집에서 요셉은 어떤 유혹을 받게 되며(7), 그는 어떻게 반응합니까(8 12)?

* 주인의 처(보디발의 아내)가 유혹함. 날마다 유혹(10) - (불의)
- 눈짓하다가(7): 유혹할 목적으로 정욕적인 눈길을 줌.
- 주인이 노예에게 요구하는 것이므로 거절하기 어려움(불공정).
- 특히 요셉은 27-28세의 청년으로 정욕이 가장 왕성할 때, 고향 떠난 깊은 외로움, '미스애굽'급 여인의 은밀한 유혹을 거절하기 어려움.

* 거절하고 함께 있지도 아니함(10). 옷을 버리고 도망침(12). - (정의)
- 자신의 위치를 분명히 파악하고 있었음(8-9). (공정)
- 하나님을 두려워하였음(하나님께 득죄하지 않겠다 - '코람데오' 신앙으로 이김, 공도와 정의를 지키는 것을 나타남).
- 한 개인으로서가 아닌 가정과 민족의 대표로서 유혹에서 승리.

질문) 내가 지금 받고 있는 유혹은 무엇인가?
그 유혹을 어떻게 이길 수 있을지 나누어 보자.

7 요셉이 감옥에 가게 된 이유가 무엇입니까(13-20)? 보디발의 집에서나 감옥에서나 요셉의 생활에서 공통되는 점이 무엇입니까(21-23)?

* 보디발 아내의 음모와 모함을 받아서 누명을 쓰고 감옥(왕의 죄수를 가두는 곳)에 갇히게 됨.

* 여호와께서 함께 하심(은혜). 간수장의 신임(전옥이 요셉에게 제반사무를 위임함. - 작은 일에도 공도와 정의를 구현하는 삶의 모범의 결과 범사에 형통함. - 형통은 편한 생활이 아닌 고난 가운데서도 은혜를 누리면서 도덕과 윤리적 책임을 회피 하지 않고 성실히 완수(아브라함 언약 공동체의 일원답게 살아가는 것).

질문) 당신은 선을 행하려다 도리어 억울하게 되었을 때에도 하나님을 신뢰할 수 있겠는가?

8 요셉이 감옥에 있는 동안 누구를 수종들게 되었습니까(40:1-4)? 요셉은 이들을 어떻게 돌봐줍니까(5-8)?

* 술 맡은 관원장, 떡 굽는 관원장 - 왕의 최측근

* 그들의 얼굴에 근심 빛이 있는 것을 살피고 도와줌.
- 목자적 삶의 태도가 자연스럽게 드러남.

9 술 맡은 관원장과 떡 굽는 관원장의 꿈은 각각 무엇이며, 요셉은 이들의 꿈을 어떻게 해석해 줍니까(9-19)? 그 꿈은 어떻게 이루어졌습니까(20-23)?

* 술 맡은 관원장: 포도주를 바로에게 드림. 사흘 안에 전직을 회복.
* 떡 굽는 관원장: 새들이 떡을 먹음. 사흘 안에 참수형.
* 제3일 바로의 탄일에 요셉의 해석대로 이루어짐(하나님께서 주신 꿈 해석의 능력을 공정하게 사용).

10 요셉은 꿈을 해석해 주면서 어떤 희망을 품게 되었습니까(14-15)? 그런데 요셉은 왜 감옥에서 나오지 못했습니까(21-23)?

* 술 맡은 관원장이 복직하게 될 때에 요셉의 사정을 아뢰어 억울함에서 건져내어달라고 간곡히 부탁.
- 요셉이 힘든 중에도 성실하게 생활하고 있었음을 짐작할 수 있음.

* 술 맡은 관원장이 요셉을 잊음(은혜를 망각하는 인간).
- 사람을 의지하는 자는 실망한다.
(잠 29:25) "사람을 두려워하면 올무에 걸리게 되거니와 여호와를 의지하는 자는 안전하리라"

삶의 자리

1 하나님은 요셉에게 꿈을 주셨습니다. 그와 동시에 안팎으로 시련을 겪게도 하셨습니다. 왜 꿈꾸는 자는 역경에 직면하게 될까요? 당신에게도 꿈이 있습니까?

*사람은 꿈을 구하지만, 하나님은 먼저 그 꿈을 감당할 수 있는 사람이 되도록 연단하신다.
꿈이 있는가? 그렇다면 대가를 치를 각오를 하라!

2 요셉은 비록 억울하게 가게 된 감옥이었지만 감옥에서조차 모범적인 생활로 인정받았습니다. 이것을 볼 때 꿈꾸는 자가 가져야 하는 기본 태도는 무엇일까요?

*하나님의 섭리(경영)를 믿는 태도: 요셉이 이러할 수 있었던 것은 힘든 환경 속에서도 하나님만을 전폭적으로 의지하는 신앙을 가졌기 때문임. 요셉은 하나님의 섭리를 믿었음. 또한 그에게 하나님께서 주신 꿈을 잃지 않고 소망함. 이런 믿음은 최악의 환경까지 극복하게 했음.

삶의 자리 +

꿈을 그려보고 인생 마스터플랜 작성하기

말씀의 자리 +

요셉의 꿈을 어떻게 보아야 할까?

성경은 요셉의 소년 시절을 소개하며 그의 꿈 이야기를 기록하고 있습니다(37:5-11). 이 꿈은 결국 요셉의 전 인생에 지대한 영향을 주었을 뿐만 아니라 이로 인해 이스라엘 백성들의 미래가 좌우되기도 했습니다. 그렇다면 이런 꿈 이야기를 현대에는 어떻게 받아들여야 할까요? 물론 구약에서의 꿈은 종종 하나님의 뜻을 전달하는 계시의 수단으로 사용되었습니다(20:3, 28:12, 31:11-13). 따라서 요셉의 꿈 역시 이미 하나님께서 아브라함에게 약속하신 말씀(15:13)을 기억하시고 그 말씀을 이루시고자 준비하시는 과정의 한 부분이었음을 알 수 있습니다.

그래서 이 꿈은 단순히 철없는 어린 소년 요셉의 꿈이 아니라 이제 후로 하나님께서 이루실 하나님의 계획을 담고 있는 하나님의 꿈이었습니다. 그렇기에 하나님의 구원의 계시가 예수 그리스도를 통하여 완성된 오늘날은 꿈에 결코 어떤 특별한 계시적인 가치가 없다는 것을 알아야 합니다.

노예가 과연 가정 총무가 될 수 있었을까?

요셉의 애굽 생활은 너무도 파격적이라는 인상을 받습니다. 요셉은 당시 애굽 왕 바로의 최측근인 보디발의 가정에 총무가 되었습니다. 이방 노예의 신분으로 과연 이런 일이 가능했을까요? 당시의 노예는 주인의 소유물로 취급이 되었을 뿐만 아니라 어떤 소유권도 인정되지 않는 신분이었습니다. 그런데 여기서 주목하게 되는 것은 요셉으로 인해 그 주인이 크게 형통하고 번성케 되었다는 사실입니다. "그 주인이 여호와께서 그와 함께 하심을 보며 또 여호와께서 그의 범사에 형통케 하심을 보았더라(3)" 보디발은 요셉의 행동을 보고 그 너머에 계시는 하나님을 보았습니다. 보디발이 요셉의 뒤에 계시는 하나님을 보니 요셉의 신분은 별 의미가 없게 되었고, 자기 소유의 모든 것을 맡길 만했던 것입니다.

19

요셉과 동행하신 하나님

창세기 41:1-45:28(45:5)

"당신들이 나를 이곳에 팔았다고 해서 근심하지 마소서
한탄하지 마소서 하나님이 생명을 구원하시려고
나를 당신들보다 먼저 보내셨나이다"

시작하는 이야기

인간적으로 볼 때 요셉처럼 불행한 삶을 산 사람도 없습니다. 형들에게 미움을 받아 애굽의 노예로 팔려갔고, 애굽에 가서도 억울하게 모함을 받아 감옥에 갇히는 신세가 되었습니다. 하지만 연단의 기간을 믿음으로 잘 이겨낸 사람은 때가 되면 반드시 쓰임 받게 되어 있습니다.

오직 하나님만 바라보는 훈련을 받았던 요셉은 드디어 바로의 꿈을 해석해 줌으로써 전격적으로 총리로 발탁이 되고(41장), 풍년이 지난 후 흉년의 기간이 되자 곡식을 구하러 온 형들과 대면하게 됩니다(42장). 요셉은 형들이 하나님 앞에서 큰 죄인임을 깨닫게 만든 뒤에(43-44장), 회개하는 형들 앞에서 자신의 신분을 드러내고 형들을 용서하며 지난 모든 과정이 하나님의 섭리였음을 고백하게 됩니다(45장).

진정한 관계의 회복은 죄와의 결별에서 시작됩니다. 오늘 말씀을 공부하면서 죄를 반드시 드러내시는 하나님을 발견하고, 형들을 진정으로 사랑하는 요셉의 모습을 배울 수 있습니다.

말씀의 자리

1 요셉이 어떻게 해서 바로 앞에 서게 되었습니까(41:1-13)? 그때 요셉의 자세는 어떠합니까(14-16)? 바로가 꾼 꿈의 내용은 무엇입니까(17-24)?

* 술 맡은 관원장이 옥중에 있던 요셉을 기억하고 추천함.
* 요셉의 자세: 예의를 갖추되 자신이 아닌 오직 하나님만을 드러냄.
  - 죄수의 신분이지만 바로 왕 앞에서 주눅들지 않고 하나님을 증거함. (언약의 백성다운 자세)
* 꿈의 내용: 나일 강가에서 올라온 아름다운 일곱 암소가 파리하고 흉한 일곱 암소에게 잡아먹히고, 무성하고 충실한 일곱 이삭이 가늘고 동풍에 마른 일곱 이삭에게 삼키는 꿈.
  - 요셉의 모든 말의 주어는 '나'가 아니라 '하나님'이었음.
  - 미래를 아시고 결정하시는 분은 오직 하나님!

질문) 우리 삶의 주어는 누구인가?

2 바로의 꿈에 대한 요셉의 해석과 제안은 무엇입니까(25-32, 33-36)? 요셉은 이 기회를 잘 이용하면 자유인이 될 수도 있었을 텐데 하나님의 절대 주권을 증거한 이유가 무엇일까요(16, 25, 28, 32)?

* 꿈 해석: 일곱 해 풍년과 일곱 해 흉년이 들 것.
* 제안: 명철하고 지혜 있는 자를 택하여 다스리게 하고, 풍년의 때 1/5을 거두어 각 성에 저장, 일곱 해 흉년을 대비 할 것.
  - 요셉의 역할은 꿈 해석. 요셉은 해석에서 멈추지 않고 대안까지 제시함. (아브라함 언약 백성으로서 축복의 통로 역할)

* 하나님이 역사를 주관하신다는 섭리신앙 때문에.
  - 사람을 의지하고자 하는 마음보다는 하나님을 신뢰하는 것이 더 지혜임을 깨달음.
  - 이 나라를 향한 하나님의 계획을 아는 자로 무책임할 수 없음(25, 36)

3 요셉은 어떤 점에서 바로에게 인정받았습니까(37-45)? 요셉은 애굽의 총리 직분을 어떻게 감당합니까(41:46-57, 47:13-26)?

* 하나님의 비밀을 보는 하나님의 영에 감동된 사람이라는 점, 뛰어난 지혜와 명철을 소유한 자라는 점.
-> 총리로 지명됨: 범 극동지역 극한 기근 재난구호대책위원회 위원장이 됨(아브라함 언약의 백성의 자리).

* 애굽 온 땅을 순찰하고 풍년의 때에 곡물을 거두어 각 성에 저장함. 흉년의 때에 창고를 열어 애굽 백성뿐만 아니라 타국인에게도 팖. 온 나라의 돈, 짐승, 토지를 바로의 것으로 만듦. 애굽 토지법을 제정하고 백성을 살림(5/1 바로에게 상납, 4/5는 양식으로 쓰게 함).
- 요셉은 자신의 재능과 경험을 다하여 충성함(공도와 정의를 구현하며 축복의 통로가 됨).

4 요셉이 총리가 된 때의 나이는 30세였습니다(46-49). 그는 누구와 결혼했으며 아들들의 이름을 무엇이라고 지었습니까(50-52)? 아들들의 이름에서 요셉의 마음과 신앙에 대해서 어떤 짐작을 할 수 있습니까?

* 온의 제사장 보디베라의 딸 아스낫과 결혼하여 므낫세와 에브라임을 낳음.
(바로의 강권이 있었을 것 - 총리 위상)

* 므낫세(잊어버림), 에브라임(창성함): 하나님께서 모든 고난과 슬픔을 잊게 하시고 수고한 곳에서 창성케 하시는 분이라는 신앙 고백.
- 과거 '형통'한 삶이었다고 하지만 요셉의 입장에서는 힘겨운 시간들이었음을 짐작할 수 있음.
(형통은 편함이 아니라 달성이다)
- 과거에 더 이상 메이지 않고 하나님 앞에서 소망을 품는 모습.

5 가나안 땅에도 기근이 임해 요셉의 형들이 애굽으로 식량을 구하러 가게 되었습니다(42:1–5). 자기에게 절하는 형들을 알아본 요셉은 소년 시절에 꾼 꿈을 생각하며 그들을 정탐꾼으로 몰아세워 삼일을 가둡니다(6–17). 요셉이 그들에게서 보고 싶어 한 것은 무엇이며(16), 무엇을 요구했습니까(15)? 왜 그랬을까요?

* 범 근동의 기근 – 분명 고통이었지만 야곱의 가족들이 공동체로 발전할 수 있는 동기를 제공한다(생존이라는 공통된 목적이 공동체를 형성하기 시작한다).

* 진실함(아버지를 능욕하는 거짓말 실력) – 하나님 앞에서 자신들의 죄를 뉘우치는 것 (16)

*(요구) "막내 동생을 애굽으로 데려오라"

– 막내 동생의 중요성 부각, 생명공동체로 엮어 나감 (15)

* 정탐꾼으로 몰아세워 진실을 일깨우고 과거의 죄를 회개하게 하도록 하기위해.

(과거 동생을 정탐꾼으로 보았던 형들 37:2)

– 형들을 만나 반가웠겠지만 몇 년의 시간이 걸려서라도 죄문제를 해결하고 아브라함 언약 공동체로 세우기 위함.

6 요셉은 형들을 회개시키는 것이 형들을 가장 잘 돕는 일이라고 믿었습니다. 이 과정에서 형들이 깨닫게 된 것은 무엇입니까(18–22)? 요셉의 실제 마음은 어떠했습니까(23–25)? 여기서 하나님께서 신자들을 훈련시키는 방법에 대해서 무엇을 배울 수 있습니까(히 12:6, 11, 렘 31:18–19)?

* 동생 요셉을 팔았던 죄(살인, 생명공동체 파괴 죄).

* 과거의 슬픈 추억 때문에 눈물을 흘림. 돈을 돌려주고 길 양식을 챙겨주는 사랑의 마음.

* 사랑하시기 때문에 하나님과 바른 관계를 맺도록 징계를 통해 회개하도록 도우심.

7 요셉의 형들은 곡식과 함께 돈이 그대로 있는 것을 보고 두려워 떨게 되고(26-28), 야곱은 아들들에게 지난 일들을 소상히 듣지만, 시므온이 없어지고 곡식 속에 돈이 그대로 있는 것을 보고 큰 충격과 슬픔에 빠지게 됩니다(29-38). 요셉의 형들이 애굽에 다시 가야 할 때 왜 가기가 힘들었습니까(43:1-7, 44:27-29)? 야곱이 결단할 수 있도록 유다가 어떻게 설득시켰습니까(8-10)? 야곱의 결단에 담긴 의미는 무엇입니까?

* 요셉은 점점 더 야곱의 자식들이 생명 운명 공동체가 되도록 만듦.
* 야곱이 베냐민을 보내기 두려워했기 때문에(43:6, 44:20-22)

* 유다 - 과거 요셉을 매몰차게 팔아넘기던 때와는 달라진 모습을 보임(공동체 와해 주범이 공동체 회복의 역할을 주도하기 시작 - 자기 운명을 걸고 아버지를 설득 - 공동체 와해에 자기 책임을 느끼고 있음)

* 야곱공동체의 운명이 아버지의 결단에 달림 - 야곱의 권위 회복 시작 - 자식들을 편애하던 아버지가 아니라 공동체 전체를 생각해야 하는 공동체 대표로서의 아버지 상 회복시작.

8 결국 야곱의 결단으로 요셉의 형들은 베냐민을 데리고 애굽에 다시 가게 되었습니다(14). 요셉 앞에 선 형들의 자세가 어떠했으며(16-28), 베냐민을 만난 요셉의 심정이 어떠했습니까(29-34)?

* 두려워하며 엎드려 절함.
* 사랑하는 마음이 복받쳐 오름.

9 요셉은 다시 어떤 일을 꾸밉니다. 그 일의 목적이 무엇입니까(44:1-17)? 이때 자신을 희생한 사람은 누구입니까(18-34)?

* 자신의 은잔을 베냐민의 자루에 몰래 넣어 놓고 추격하여 추궁함. 베냐민을 종으로 삼겠다고 협박함. - 억울함을 느끼게 하며, 동생을 지키기 위해 어떤 반응을 보이는지 보고 싶어 함(생명공동체를 지키려는 마음 강화와 아버지 야곱에 대한 형제들의 사랑과 그의 권위 회복 44:30-32, 34).

* 동생을 파는데 앞장섰던 유다가 동생 베냐민을 대신하여 자신이 종이 되겠다고 간청함 - 베나민을 대신 함은 아버지 야곱을 대신 함(30)이며 공동체를 대신 함이다. 유다는 이미 공동체의 차기 대표로서 등장하고 있다.

10 형들이 진실로 회개했다는 구체적인 증거를 본 요셉은 형들을 어떻게 영접하고 용서했으며(1-15), 요셉이 형들을 용서할 수 있었던 비결은 무엇이었습니까(45:5, 7-8)?

* 방성대곡하며 형들에게 자신을 알림. 놀란 형들에게 하나님의 섭리를 가르쳐주며 위로하고 속히 아버지를 모시고 가까이 와서 살라고 함. 형들과 입 맞추며 안고 함께 욺(아브라함 언약 공동체로서 회복된 모습을 봄).

* 하나님께서 큰 구원으로 자신의 가족과 후손의 생명을 보존하시기 위해 자신을 먼저 애굽으로 보내셨다는 섭리신앙 때문에 용서 할 수 있었음. 요셉은 자신의 불행을 인간사로 여기지 아니하고 하나님의 섭리 가운데 일어난 선한 역사로 바라봄.

질문) 나의 삶에 하나님의 섭리는 무엇입니까?

삶의 자리

1 요셉이 반가움과 아픔을 감수하면서까지 형들을 궁지로 몬 이유는 이스라엘 공동체가 하나 되게 하기 위함이었습니다. 당신이 속한 신앙 공동체가 하나가 되기 위해서 당신이 감수해야 할 희생은 무엇입니까?

2 회개하는 형들을 용서하며 자신의 과거의 아픔을 하나님의 섭리로 바라보는 요셉의 신앙에 대하여 말해보세요.

삶의 자리 +

내가 회개해야 하는 일과 용서해야하는 일을 돌아보고 기도하기

말씀의 자리 +

요셉의 통치로 애굽의 왕권이 강화되다(창 47:13-26).

요셉은 단순히 꿈만 잘 해석해서 성공한 것이 아닙니다. 요셉은 탁월한 지도자였습니다. 요셉은 바로의 친위 대장 보디발의 집에서 언어와 궁중 예절을 배우고, 가정 총무로서 경영의 원리를 터득한 뒤에 곧이어 감옥에서는 정치범들을 도우면서 애굽의 정치를 배워 현재 애굽 정부의 취약점과 강하해야 할 점들을 파악하게 되었습니다. 즉, 하나님께서는 요셉을 최고 지도자 과정 코스로 훈련시키고 계셨던 것입니다. 요셉이 단순히 꿈만 잘 해석했다면 오래가지 않아 그는 정적들에게 제거되고 말았을 것입니다. 요셉의 탁월함은 경제적 공황 상태(기근 시기)에서 빛을 발하게 됩니다. 가장 먼저 모든 화폐들을 거둬들여 중앙에서 경제 통제가 가능하게 만들었습니다(13-14). 이어 모든 가축을 사들이게 되는데, 여기서 특히 중요한 것은 '말'입니다. 말은 군사력을 상징하는데 결국 기근 시기를 기점으로 애굽이 세계 강국으로 발돋움하게 됩니다(15-19). 또한 토지까지 바로 왕의 소유가 됨으로써 요셉은 토지와 종자를 백성들에게 제공하고 오분의 일의 세금을 거둬들이는 조세 제도를 확립하게 되었습니다(20-26). 이런 과정을 통해 애굽은 중앙집권제를 구축하고 주변국에 강력한 영향력을 끼치게 됩니다. 그리하여 요셉의 이런 업적들 앞에서 어느 누구도 그 리더십에 반기를 들 수 없게 되었고 이스라엘 백성들은 요셉을 알지 못하는 왕이 나타날 때까지 보호받을 수 있었습니다.

20

야곱과 요셉의 소망

창세기 46:1-50:26(50:25)

"요셉이 또 이스라엘 자손에게 맹세시켜 이르기를 하나님이 반드시 당신들을 돌보시리니 당신들은 여기서 내 해골을 메고 올라가겠다 하라 하였더라"

시작하는 이야기

창세기의 긴 여정이 드디어 끝나가고 있습니다. 사람은 죽음에 직면하게 될 때 비로소 진실해집니다. 그래서 유언은 소중하게 여겨집니다. 야곱과 요셉의 마지막 모습은 우리의 인생 끝자락에서 무엇이 진정으로 소중한 것인지 깨닫게 해줍니다.

요셉의 초청을 받아 가족과 함께 애굽으로 간 야곱은 바로 앞에서 조금도 위축됨 없이 영적 거장답게 담대한 모습으로 그를 마주합니다(46-47장). 노년의 야곱은 요셉의 두 아들을 축복하고(48장), 이어 자기 아들들에게도 축복하며 인생의 마지막 소망을 고백합니다(49장). 요셉은 아버지의 유언대로 시신을 가나안 땅에 매장하고, 자신 또한 훗날 약속의 땅에 묻어 달라고 유언을 남기며 생을 마감합니다(50장).

창세기의 마지막을 공부하면서 아브라함을 통해 시작된 구원역사의 진행을 살펴보고, 하나님 나라를 향한 야곱과 요셉의 소망을 배울 수 있기를 바랍니다.

말씀의 자리

1 야곱은 총리가 된 요셉의 초청에 의해 애굽에 가게 됩니다. 이때 하나님께서는 야곱에게 어떤 약속을 해주십니까(46:1-4)?

* 하나님의 약속:나는 하나님이라. 두려워 말라. 내가 너와 함께 애굽으로 내려가겠다.

  내가 거기서 너로 큰 민족을 이루게 하리라(3).

  다시 올라올 것이다(4)

- 하나님은 애굽이라는 울타리를 통해 야곱 공동체가 회복되고 세상을 개혁할 수 있기까지 강성해질 수 있도록 보호하고자 하셨다. 하나님은 아브라함 언약을 통해서 땅 끝까지 복을 주시기를 원하시는 분이시다.

질문) 왜 하나님께서 야곱에게 나타나셔서 다시 약속을 상기시키셨을까요?

- 야곱은 요셉을 보고 싶은 마음이 있었으나 약속을 땅을 떠나야 한다는 사실에 대한 불안감 등이 교차하는 중에 하나님이 나타나셔서 약속의 말씀을 주심(46:1-2).

2 5-27절은 야곱의 가족 칠십 명이 애굽으로 이주하는 내용입니다. 야곱을 맞이하는 요셉의 기쁨이 어떠했으며(28-31), 요셉은 그들을 어디에 거하게 합니까(32-34)?

* 고센(28): 목축이 가능한 곳으로, 야곱의 가족들이 애굽인들과는 구별된 생활을 할 수 있도록 배려한 것이다.

* 요셉이 가족들과 입을 맞추고.
* 목축업을 강조하여 고센 땅에 거하게 해달라고 부탁함(3-4)

- 바로가 허락함(6)
- 아브라함 언약 공동체와 애굽이 동맹을 맺게 됨(이 복이 얼마나 지속될 것인가…).

3 야곱이 바로 앞에 서게 되는 과정을 말해보세요(47:1-7). 야곱은 자신의 인생을 어떻게 고백하고 있습니까(8-10)? 야곱이 하나님을 복으로 인정하기 전까지 추구했던 것들은 무엇이었습니까?

* 하나님의 종의 권위로 왕을 축복(아브라함 언약의 상속자로서).
- 육적으로 나그네, 신하적 입장이었으나 영적으로 왕 같은 제사장으로서 축복함.

* 나그네 길의 세월
- (히 11:13, 시 39:12, 창 23:4, 대상 29:15) 험악한 세월을 보냈음.

* 장자권(명예), 아내(사랑, 14년), 재산(6년), 자존심(얍복강). 결국 이런 것들이 복이 아니라고 인정함.

4 48장은 야곱이 요셉의 아들들에게 축복하는 내용입니다. 요셉의 두 아들이 어떤 반열에 오르게 됩니까(48:1-7)? 축복의 내용은 무엇이며 특이한 점은 무엇입니까(8-22)?

* 에브라임과 므낫세를 양자로 삼겠다고 함.
- 이스라엘의 열두 지파를 생각하면 다른 형제들보다 두 몫을 더 받은 것. 이것은 장자의 몫에 해당됨(대상 5:2).

* 동생 에브라임에게 더 큰 축복(장자의 축복)을 내림.
- 아모리 족속의 손에서 빼앗긴 땅을 더 주었다(22).
- 요셉에게로 장자권이 넘어갔고 이어 차자 에브라임에게로 장자권이 넘어감.

5 49장은 야곱이 자기 아들들을 축복하는 내용입니다(49:1-28). 축복의 근거는 무엇입니까(28)? 그중에 특히 유다에게는 어떤 축복을 해줍니까(8-12)?

* 각 사람의 분량대로 축복함(아브라함 언약의 준 대표들로 세움).
- 축복이라는 단어는 "하나님의 복이 임하기를 기원하다"라는 의미. 따라서 야곱의 축복은 그렇게 만들겠다는 것이 아니라 그렇게 되기를 바란다는 뜻.
- 특이한 점은 그들의 과거에 깊은 연관이 있다는 사실.

* 유다: 형제의 찬송이 됨. 원수의 목을 잡음. 아비의 아들들이 절함. 사자 같아서 아무도 범치 못함.
- 예수님을 예표하는 유다: 죄짐을 지고 감(44:18-34 자기 몸으로 담보함). 메시야를 통한 사탄의 세력을 정복. 홀이 유다를 떠나지 아니하며 치리자의 지팡이가 떠나지 아니함(하나님의 감동 안에서 야곱이 장자 르우벤을 제치고 유다를 아브라함 언약 상속자로 지명함 - 야곱공동체의 대표).

-> 궁극적으로 다윗의 자손 예수그리스도를 통해 이루어질 것.

- 육적 장자: 요셉 / 영적 장자: 유다.

10절: 유다의 후손들이 정통적인 왕권을 계승하리라는 것을 묘사.

질문) 당신은 하나님 앞에서 어떤 축복을 받기 원합니까?

- 야곱의 축복의 특징은 아들들의 과거 행동에 많이 근거하고 있음을 봅니다. 지금부터라도 믿음의 삶, 유다와 같이 희생과 섬김의 삶을 사십시오.

6 야곱의 유언은 무엇입니까(29-33, 히 11:15-16)? 야곱의 장례 준비가 어떻게 이루어집니까(50:1-11)? 요셉은 야곱을 어디에 묻었습니까(12-14)?

* 가나안 땅(약속의 땅)을 사모함.
- 더 나은 본향을 사모하며 살았다(히 11:15-16).

* 요셉이 아버지의 얼굴에 울며 입을 맞춤.
- 향 재료로 몸에 넣음(40일). 70일 동안 곡함. 가나안 땅의 묘실에 가서 장사코자 함. 바로의 신하와 장로들도 동행. 요단 강 건너편 아닷 타작마당에서 곡하고 애통하며 7일 동안 애곡함.

* 가나안 땅 마므레 앞 막벨라 밭 굴에 장사함(아브라함이 헷족속 에브론에게 밭과 함께 사서 소유 매장지를 삼은 곳).

질문) 결국 우리는 어디에 소망을 두고 살아야 합니까?
이 땅이 아니라 약속의 땅, 주님과 동행하는 영원한 세상에 소망을 둠.

7 이 일 후 요셉의 형들은 어떤 두려움에 빠집니까(15-18)? 죄를 용서받고도 참 자유를 누리지 못하는 이유가 어디에 있다고 봅니까? 두려워하는 형들을 향하여 요셉은 무슨 말로 위로합니까(19-21)?

*요셉에 대한 두려움. 아버지의 유언을 전함(그 허물과 죄를 용서하라).

*용서받았음에 대한 확신의 부족, 신뢰(믿음)의 부족.

- 회개하였다면 완전히 용서받았음을 확신하자.

*"내가 하나님을 대신하리이까?(안심시킴)"

- 요셉이 하나님의 섭리를 믿고 믿음으로 살았을 때, 온 인류를 구원하는 하나님의 역사에 쓰임 받았음.

8 요셉은 몇 세까지 살았으며(22), 그의 소원이 무엇이었습니까(25)? 창세기의 마지막 절은 무슨 말씀으로 끝을 맺고 있습니까(26)?

* 110세.
* 약속하신 땅으로 돌아갈 것이다. 자기 뼈를 가지고 가라함(25절).
* 요셉의 죽음. 애굽에서 입관됨.

9 꿈의 사람 요셉의 진정한 꿈은 애굽에서 성공하는 것이 아닌, 약속의 땅인 하나님 나라로 돌아가는 것이었습니다. 그럼에도 정작 자신은 죽음 직후 약속에 땅에 묻히기보다는 하나님의 약속(15:13, 48:21)을 믿고 나중을 기약했습니다. 그 이유가 무엇일까요?

* 요셉의 죽음 이후에 아브라함 언약을 잊어버릴 수 있는 가능성이 있기 때문. - 그렇게 되면 아브라함에게 하셨던 약속(창 15:13-14)이 깨질 수 있음.

- 하나님의 약속대로 때가 되면 이스라엘 백성들은 반드시 약속의 땅으로 가게 될 것을 확신했음. -> 비전의 사람 요셉
- 하나님의 약속은 후손에서 후손으로 전수되며 반드시 이루어질 것에 대한 믿음을 후손에게 보임.

약속의 땅, 가나안은 하나님 나라를 상징한다. 아브라함 언약이 달성으로 이루어지는 땅이 하나님 나라이고 이는 언약의 후손 예수님으로 달성되었고 이제 완성을 향해 나간다. 하나님의 나라는 하나님이 통치하시는 모든 영역이다.

삶의 자리

1 요셉의 꿈은 이 땅에서의 성공이 아닌, 하나님의 약속의 땅으로 돌아가는 것이었습니다. 그렇다면 지금 당신의 최고 관심사는 무엇입니까? 당신의 꿈의 뿌리는 하나님 나라와 이 땅 중 어디에 속해 있습니까?

2 요셉과 동행하시는 하나님은 어떤 분이십니까? 당신에게 하나님은 어떤 분이십니까?

3 창세기 공부를 마치는 소감을 말해주세요.

삶의 자리 +

창세기 전체를 돌아보며 '나를 만나주신 하나님'에 대하여 소감 쓰기

말씀의 자리 +

야곱의 축복 기도

야곱은 그의 죽음을 앞두고 아들들을 불러 그들 각 사람의 분량대로 축복했습니다(49:28). 그 내용은 49장에 잘 기록되어 있습니다. 그런데 궁금한 것은 이 축복이 과연 축복하는 대로 성취되느냐는 것입니다. 이 답을 얻기 위해 우선 알아야 할 것은 야곱의 축복 내용은 기원이자 기도라는 사실입니다. 자신이 그렇게 하도록 하겠다거나 그렇게 만들겠다는 것이 아니라, 그렇게 되기를 바란다는 것입니다(9:26-27). 히브리어에서 축복이라는 단어는 '하나님의 복이 임하기를 기원한다'라는 의미입니다. 그러니까 사람의 위치에서 복을 기원할 수는 있지만 정작 그 실행의 주체는 하나님이신 것입니다. 따라서 야곱이 지금 그 아들들에게 축복한 내용은 알고 보면 하나님께서 이제 곧 열두 지파를 통하여 이루실 일들을 미리 야곱의 기도를 통하여 계시하고 계신 것입니다. 그렇기에 49장에 기록된 축복의 내용은 한 개인의 미래에 관한 것이 아니며, 오직 하나님이 작정하신 구속사적 관점에서 이해하고 해석해야 합니다.

MEMO

MEMO